René J. Müller
(Herausgeber)

Wege der Integration
Zusammenarbeit von Schule, Elternhaus und Fachleuten bei hörgeschädigten
Kindern

D1695271

René J. Müller
(Hrsg.)

Wege der Integration
Zusammenarbeit
von Schule, Elternhaus
und Fachleuten
bei hörgeschädigten
Kindern

EDITION SZH
EDITION SPC

Die Deutsche Bibliothek - CIP-Einheitsaufnahme

Wege der Integration : Zusammenarbeit von Schule, Elternhaus und Fachleuten bei hörgeschädigten Kindern / René J. Müller (Hrsg.). - Luzern : Ed. SZH, 1994

ISBN 3-908263-00-x

NE: Müller, René Jacob [Hrsg.]

© 1994
Edition SZH/SPC

der Schweizerischen Zentralstelle für Heilpädagogik (SZH) Luzern
du Secrétariat suisse de pédagogie curative et spécialisée (SPC) Lucerne
del Segretariato svizzero di pedagogia curativa e speciale (SPC) Lucerna
dal Secretariat svizzer da pedagogia curativa e speziala (SPC) Lucerna

Druckerei Schüler AG, Biel
Printed in Switzerland

ISBN 3-908263-00-x

Inhaltsverzeichnis

Vorwort
René J. Müller

Die gemeinsame Beschulung von normal hörenden und hörgeschädigten Kindern und Jugendlichen ist ein Thema, das heute aktueller denn je ist. In der Geschichte der Hörgeschädigtenpädagogik waren die Voraussetzungen auf den Gebieten der Medizin, der Hörgerätetechnik, der Früherfassung und Früherziehung noch nie so günstig wie heute, um selbst hochgradig hörgeschädigte Kinder über einen hörgerichteten Therapieansatz zu einer grossen Lautsprachkompetenz zu führen.

In den vergangenen 35 Jahren haben Hunderte von hörgeschädigten Mädchen und Knaben in Regelklassen am Wohnort ihre Schulbildung genossen. Viele dieser ehemaligen Kinder stehen heute im Erwerbsleben und haben bereits selbst wieder Kinder. Die meisten dieser integrativ beschulten Menschen sind dankbar dafür, dass sie die Gelegenheit hatten, eine normale Schule durchlaufen zu dürfen.

Dies ist umso bemerkenswerter, als es in all diesen Jahren insbesondere seitens jener Fachleute, die durch diese Entwicklung die Existenz ihrer traditionellen Sonderschulen bedroht sahen, nicht an warnenden Stimmen gefehlt hat. Insbesondere wurde immer wieder die Befürchtung ins Feld geführt, hörgeschädigte Kinder erlitten in Regelklassen im emotionalen Bereich grosse Beeinträchtigungen, an denen sie noch über viele Jahre leiden würden. Es sind jedoch die hörgeschädigten Kinder, Jugendlichen und Erwachsenen selbst, die in den vergangenen dreieinhalb Jahrzehnten den Nachweis erbracht haben, dass sie weder in intellektuellen Bereichen weniger leistungsfähig, noch in psycho-sozialer Hinsicht ihren normal hörenden Mitmenschen unterlegen sind. Im Gegenteil: Hörgeschädigte, die Regelschulen durchlaufen haben, verfügen über ein gut entwickeltes Selbstwertgefühl, eine ausgeglichene Identität und finden sich sowohl im familiären als auch im beruflichen Alltag gut zurecht.

Auch viele wissenschaftliche Untersuchungen über hörgeschädigte Kinder und Jugendliche in Regelschulen belegen, dass diese Befürchtungen lediglich Vermutungen sind, die nicht viel mit der Realität zu tun haben: ARMIN LÖWE und HANS-ULRICH LERCH (1985), PRISKA ELMIGER (1992), ANDRÉ EMMENEGGER (1992), MARIT KVAM (1993).

Zusammenarbeit tut Not

Um so grösseres Gewicht erhält die Zusammenarbeit zwischen allen am Erziehungs- und Ausbildungsprozess beteiligten Personen. Damit ist die Zusammenarbeit zwischen Vätern und Müttern, zwischen Eltern und Schule, aber auch jene zwischen Eltern und Medizin gemeint. Eine holistische Vorgehensweise ist kein Luxus, sondern eine Notwendigkeit. Wie weit der Weg bis zu einer vollwertigen Zusammenarbeit in einigen Bereichen noch ist, illustriert die folgende Untersuchung (MÜLLER, 1994): In der Region Zürich wurden 1992 rund 100 Eltern, die eine Hörbeeinträchtigung bei ihrem Kind vermuteten, die Frage gestellt, ob sie von den aufgesuchten Fachleuten ernstgenommen worden seien oder nicht. Die Antworten der Eltern sind in der nebenstehenden Darstellung festgehalten. Da bei der Beantwortung der Frage die ersten Kontakte zu den Fachleuten durchschnittlich schon einige Jahre zurücklagen, ist die Gefahr gross, dass die Ersteindrücke durch Erfolge und Misserfolge in der Früherziehung oder der Schule in der Erinnerung verzerrt auftauchen und damit stark subjektiv sind. Dies muss bei der Interpretation der Ergebnisse natürlich miteinbezogen werden. Dennoch, dass eine beträchtliche Zahl von Kinderärztinnen und Kinderärzte den Bedenken der Eltern so wenig Beachtung schenken, ist nur schwer nachvollziehbar. Eine mögliche Erklärung (nicht aber eine Entschuldigung) ist vielleicht darin zu sehen, dass sie im allgemeinen die erste Anlaufstelle der Eltern sind und deshalb eher vermuten, die Eltern seien übervorsichtig. Weshalb selbst OhrenärztInnen in der Befragung so schlecht wegkommen, ist ebenfalls schwer zu interpretieren. Selbst wenn berücksichtigt wird, dass die Elternantworten subjektiv sind, ist die Wirkung eben doch so, wie aus der Darstellung hervorgeht.

Dass Zusammenarbeit Not tut, zeigt auch eine Untersuchung aus Norwegen: KVAM (1993) erwähnt, dass Lehrerinnen und Lehrer, die ein hörgeschädigtes Kind in der Regelklasse unterrichten, oftmals nicht wissen, dass es zuständige audiopädagogische Beratungsstellen gibt, von denen sie Beratung und Hilfe anfordern könnten. Eigene Untersuchungen im Kanton Zürich (MÜLLER, 1994) zeigen zwar, dass hier ein Unterstützungssystem nicht nur im Bewusstsein vieler Pädagoginnen und Pädagogen, sondern auch bei Behörden und schulpsychologischen Diensten vorhanden ist, bei der konkreten Umsetzung der Hilfe bestehen jedoch gravierende personelle Schwachstellen. – Auch hier gilt: Aufklärung und Zusammenarbeit sind dringend angezeigt.

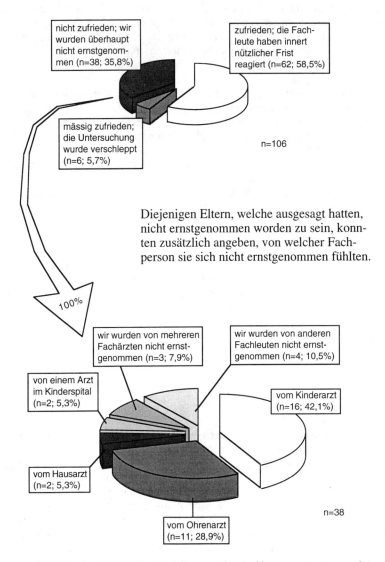

nicht zufrieden; wir wurden überhaupt nicht ernstgenommen (n=38; 35,8%)

zufrieden; die Fachleute haben innert nützlicher Frist reagiert (n=62; 58,5%)

mässig zufrieden; die Untersuchung wurde verschleppt (n=6; 5,7%)

n=106

Diejenigen Eltern, welche ausgesagt hatten, nicht ernstgenommen worden zu sein, konnten zusätzlich angeben, von welcher Fachperson sie sich nicht ernstgenommen fühlten.

100%

wir wurden von mehreren Fachärzten nicht ernstgenommen (n=3; 7,9%)

wir wurden von anderen Fachleuten nicht ernstgenommen (n=4; 10,5%)

von einem Arzt im Kinderspital (n=2; 5,3%)

vom Kinderarzt (n=16; 42,1%)

vom Hausarzt (n=2; 5,3%)

n=38

vom Ohrenarzt (n=11; 28,9%)

Abb.: Werden die Bedenken der Eltern von den Fachleuten ernstgenommen?

Eltern des ausgehenden zwanzigsten Jahrhunderts lassen sich von den Fachleuten nicht mehr sagen, welches für ihr Kind der richtige Lebensweg sein soll. Sie haben erkannt, dass sie selbst die Experten ihres (behinderten) Kindes sind. Sie haben auch gelernt, dass die Meinungen verschiedener Fachleute

9

unter Umständen diametral auseinanderklaffen können. Heutige Eltern informieren sich oftmals in kurzer Zeit umfassend und entscheiden anschliessend selbst, was zu tun ist. Die Eltern sind es denn auch, die für eine ausgeglichene Persönlichkeitsentwicklung ihres (behinderten) Kindes die Verantwortung tragen.

Fachleute können und sollen beraten, aber sie sollen das umfassend und nicht ideologisierend tun! Noch immer gibt es Fachleute, die nicht bereit sind, die raschen Veränderungen, beispielsweise in der medizinisch-technischen Versorgung mit modernen Hörgeräten, FM-Anlagen oder Cochlear Implants oder die Ergebnisse der hörgerichteten Früherziehung, als Realität zu akzeptieren, und in ihre Beratung einfliessen zu lassen. Die Verantwortung für eine Entscheidung darf nur bei den Eltern liegen. Das ist nicht neu. Aber in der Pädagogik wird manchmal so getan, als beharrten die Eltern auf etwas Exotischem, wenn sie die Verantwortung tatsächlich wahrnehmen wollen. ÄrztInnen beispielsweise dürfen über die Köpfe der Eltern hinweg gar nichts tun: keine Tablette verabreichen und auch nicht die kleinste Operation vornehmen, das ist völlig klar. Pädagoginnen und Pädagogen, Vertreterinnen und Vertreter ideologischer Interessen glauben, sich das Recht herausnehmen zu dürfen, über den Lebensweg eines Kindes und damit seiner Familie zu entscheiden. Die langfristigen Folgen dieser Entscheidungen müssen jedoch die Eltern tragen und nicht die Fachleute! Die Heranwachsenden werden sich immer nur mit den Eltern auseinandersetzen können, ob eine in der Kindheit getroffene Entscheidung richtig oder falsch war. Wer der Meinung ist, Eltern seien nicht kompetent genug, um solche Entscheidungen zu treffen, muss bessere Elternberatungssysteme entwickeln.

Education and Special School Reengineering

Um für den weltweiten Wettbewerb wieder fit zu werden, reichen in der Wirtschaft weder ein dramatischer Personalabbau noch die 'wenig intelligenten herkömmlichen Kostensenkungsprogramme' aus – innovative Lösungen sind gefragt (DIETMAR H. LAMPARTER, 1994). Die Amerikaner haben für diese notwendige Gesundungskur auch das passende Schlagwort gefunden: *'business reengineering'* heisst die neue Zauberformel.[1] Es ist nicht einzusehen, weshalb es bei der Erziehung und Bildung von (behinderten) Kindern anders sein soll. Dass das traditionelle Schulsystem in vielen Bereichen versagt hat, wird heute weitgehend erkannt, anders ist nicht zu erklären, dass in sämtlichen Ländern nach neuen Schulmodellen gesucht wird.

Seit dem ausklingenden 18. Jahrhundert fand innerhalb der Institution Schule ein immer differenzierteres Aufspalten in ein fein gegliedertes System statt:

---

[1] Wie eine derartige "Radiakalkur für das Unternehmen" funktioniert, haben MICHAEL HAMMER und CHARLES CHAMPY aufgeschrieben: Hammer/Champy: Business Reengineering; Campus Verlag, Frankfurt/M. 1994.

Von der Hilfsschule für Geistigbehinderte bis hin zur Eliteschule für Hochbegabte existiert heute eine grosse Vielfalt verschiedener Schultypen nebeneinander. So entstand als erste sonderpädagogische Disziplin überhaupt die Hörgeschädigtenpädagogik. Innerhalb dieser Spezialdisziplin sind wiederum verschiedene – teilweise einander konkurrierende – methodische Ansätze verwirklicht.

Angesichts veränderter sozialer, technischer, medizinischer und wirtschaftlicher Realitäten ist eine völlige Abkehr von dieser minutiösen Aufsplitterung in den Lehrzielen und der damit verbundenen Denkweise von Aussortierung oder Aussonderung (Segregation) einzelner Menschengruppen erforderlich.

Um Kindern und Jugendlichen auf dem anspruchsvollen Weg zu einem selbstbestimmten Leben wirkungsvoll beistehen zu können, ist es nicht damit getan, bestehende Sonderschulen und deren Organisationen irgendwie zu verändern. Anstatt Funktionen und Bereiche wie Artikulation, sinnentnehmendes Lesen oder Gebärdensprachkompetenz einzeln zu optimieren, stehen das Kind mit seiner Familie und der Prozess, wie deren Anliegen befriedigend erfüllt werden können, im Mittelpunkt der Aufmerksamkeit: etwa die Entwicklung einer umfassenden Lautsprachkompetenz – vom Aufbau einfacher Sätze bis hin zur komplexen Kultursprache, die das Kind zur vollen Teilhabe an unserer Gesellschaft befähigt, ohne dabei seine eigenen Werte und Bedürfnisse verleugnen zu müssen. Um das zu erreichen, ist eine Radikalkur sowohl für das Unternehmen Regelschule als auch für das Unternehmen Sonderschule notwendig. Ein *'education reengineering'* und ein *'special school reengineering'* – wie man es in Anlehnung an das oben erwähnte *"business reengineering"* der zur Zeit stattfindenden Umstrukturierungsprozesse in der Wirtschaft – bezeichnen könnte, ist unumgänglich. *'Special school reengineering'* bedeutet ein regelrechtes *'Neu-Erfinden'* in allen Bereichen der Bildung, auch in der Hörgeschädigtenpädagogik.

Das Zerstückeln der Ausbildung hörgeschädigter Kinder in kleinste Schritte mag dem Erkenntnisstand der Pädagogik bis zur Mitte des zwanzigsten Jahrhunderts entsprochen haben. Die hohe Qualifikation heutiger Regelschulkindergärtnerinnen und RegelschullehrerInnen und vieler Eltern hörgeschädigter Kinder erfordert es jedoch geradezu, dieses Potential tatsächlich zu nutzen und diesen Personen verantwortungsvollere Aufgaben zu übertragen. Dies gilt um so mehr, als auch die notwendigen medizinisch-technischen Voraussetzungen heute in den allermeisten Fällen verwirklicht werden können. Statt Zersplitterung der Ausbildung in möglichst viele Einzelschritte, ist jetzt die Phase der Reintegration der Entwicklungs- und Lernprozesse angebrochen.

An die Stelle einer Liste von Voraussetzungen, die das einzelne Kind – im Sinne eines Nachweises seiner *'Integrationsfähigkeit'* oder quasi als Vorleistung für den Integrationsprozess – zu erbringen hat, muss etwas Neues treten: das Konzept eines Förderzentrums für hörgeschädigte Kinder und Ju-

11

gendliche. Dieses pädagogisch-psychologische Zentrum hat die Aufgabe, durch intensive Beratung und Unterstützung der in den Regelschulen arbeitenden Lehrerinnen und Lehrer die *'Integrationsfähigkeit der Schule'* zu erweitern. Dies ist jedoch nur dann möglich, wenn das gesamte gesellschaftliche Umfeld, die Lebenswelt des Kindes, einbezogen wird. Auf die dafür notwendige besondere Qualität der Beratungstätigkeit werden derzeit allerdings weder Pädagoginnen und Pädagogen der Sonderschule noch jene der Regelschule vorbereitet.

Die Beiträge dieses Buches

Im vorliegenden Buch kommen LehrerInnen, Eltern und Fachleute zu Worte, um ihre Erfahrungen und ihre pädagogischen Konzepte vorzustellen. Die einzelnen Beiträge sind mehrheitlich Vorträge, die an Tagungen für Integration gehalten worden sind. Ein Ziel der Referentinnen und Referenten ist ein Zwischenergebnis, eine bisherige Bilanz der gemeinsamen Beschulung normalhörender und hörgeschädigter Kinder in der deutschsprachigen Schweiz zu sammeln. Zugleich hoffen sie damit, ein Gesprächsforum zu etablieren, das auch für die Zukunft der bildungspolitischen Entwicklung bezüglich der nichtaussondernden Beschulung Klärungen herbeiführen, Verständnisschwierigkeiten ausräumen und Verbesserungen im Bereich der Hörgeschädigtenpädagogik – auch über die Landesgrenze hinaus – anbahnen kann.

CHRISTIAN HELDSTAB und JOSEPH WEISSEN geben einen geschichtlichen Überblick über die Entwicklung der Integrationsbewegung bei Hörgeschädigten. Priska Elmiger stellt die Ergebnisse ihrer umfangreichen Untersuchung über die psycho-soziale Situation hörgeschädigter Kinder in Regelschulen vor. HEIDI HELDSTAB zeigt wesentliche Erkenntnisse aus der Pädolinguistik, die bei der Diskussion um den hörgerichteten Therapieansatz beim Aufbau der Lautsprache beachtet werden müssen, auf. Empathie, die Fähigkeit, sich in jemand anderen einzufühlen und hineinzuversetzen, ist ein zentrales Element integrativer Pädagogik. BEATA FELDMANN, SUZANNE GRÜTTER und RENÉ J. MÜLLER präsentieren eine Reihe von Vorschlägen, wie diese Eigenschaft bereits im Kindergartenalter gefördert werden kann. Wie die Empathie-Förderung vermehrt als eine Aufgabe der Sonderschule wahrgenommen werden kann, wird im Referat 'Weiterentwicklung der Sonderschulen für Hörgeschädigte' ausgeführt.

Elternarbeit oder generell Erwachsenenarbeit ist eine andere wesentliche Voraussetzung für eine erfolgreiche gemeinsame Beschulung von (hör)behinderten und nichtbehinderten Kindern. THERESA LIENIN leuchtet in dieses mehrheitlich noch in der geistigen Morgendämmerung stehende Aufgabenfeld der Pädagogik hinein. DAGMAR BÖHLER-KREITLOW legt in ihrem Referat 'Kooperation zwischen Eltern und Fachpersonen' ein theoretisches Konzept konstruktiver Elternarbeit vor, das den pragmatischen Ausführungen von

HANNI und HANS ARNOLD-RÄBER zugrunde liegt. Was ist zu tun, wenn – wie
es Brigitte Trepp in der Kurzbeschreibung ihrer unbefriedigenden persönlichen Situation wiedergibt – das notwendige Unterstützungssystem versagt
oder noch überhaupt nicht verankert ist? Einige Gedanken aus Gruppenge-
sprächen, die mögliche Ansatzpunkte aufzeigen, beschreibt RUEDI SPIEL-
MANN. Schliesslich sinniert MAX G. GLOOR über Zukunftsvision von Elternarbeit.

JUTTA SCHÖLER führt in ihrem Referat 'Innere und äussere Voraussetzungen
für nichtaussondernde Erziehung' eindrücklich vor Augen, dass die Integration ein Menschenrecht darstellt, das zu erhalten Pflicht aller Menschen sein
sollte. Wie solche Rahmenbedingungen in Gegenden, in denen sich die traditionellen Sonderschulen noch immer schwer tun mit der Integration, dennoch
herbeigeführt werden könnten, beschreibt RENÉ J. MÜLLER in 'Erfahrungen
mit hörgeschädigten Kindern und Jugendlichen in Regelklassen'. Und schliesslich gehen SIGRID und UWE MARTIN der Frage nach, was hörgeschädigte
Kinder in Regelschulen denn nun von jenen in der Sonderschule unterscheidet.

In einzelnen Beiträgen ist der Vortragscharakter noch erhalten. Ich erachte
dies als eine Bereicherung, wird dadurch doch ein Stück weit Authentizität
nacherlebbar.

Die Gestaltung der gesellschaftlichen und pädagogischen Rahmenbedingungen
für die gemeinsame Beschulung (hör)behinderter und nicht behinderter Kinder stellt eine Herausforderung dar, die zur Verbesserung der Lebenslage be-
nachteiligter Menschen weltweit führen kann. Ob wir uns dadurch jedoch bereits einer Lernatmosphäre nähern, wie sie der 65-jährige SEYMOUR PAPERT,
einstmals Schüler von JEAN PIAGET und heute Professor am Massachusetts In-
stitute of Technology in Cambridge, USA, in einem Interview des SPIEGEL
von 28. Februar 1994 beschreibt, wage ich zu bezweifeln:

"Wir werden etwas haben, das Schule genannt wird, aber es wird anders aussehen. Lehrpläne, wie wir sie kennen, werden abgeschafft, sie ersticken Kreativität.
Auch werden die Schüler nicht mehr nach Altersklassen getrennt, denn das verhindert, dass Kinder voneinander lernen. Die heutige Schulform ist Ausdruck
einer Gesellschaft, deren Methoden zur Weitergabe von Wissen völlig unterent-
wickelt sind. In Zukunft wird Schule viel natürlicher sein und sich daran orientieren, wie Kleinkinder erzogen werden: Lernen, Leben und Lieben werden nicht
mehr künstlich getrennt." (SEYMOUR PAPERT, 1994)

13

35 Jahre integrative Beschulung hörgeschädigter Kinder in der Schweiz
Christian Heldstab

Im Namen der beiden Vereinigungen 'AGA' und 'APPLETREE' begrüsse ich Sie herzlich zur Jubiläumstagung[2] '*35 Jahre integrative Beschulung hörgeschädigter Kinder in der deutschsprachigen Schweiz*'. Ihr Interesse an dieser Beschulungsart, an welcher Sie ja alle in irgend einer Form beteiligt sind, freut mich ganz besonders.

Die 'AGA' (Arbeitsgemeinschaft für Audiopädagogik) wurde 1959 gegründet und ist seit 1969 eine Fachgruppe des SVHP (Schweizerischer Verein für Hörgeschädigtenpädagogen). Die in der AGA zusammengeschlossenen Audiopädagoginnen und -pädagogen haben sich innerhalb der Hörgeschädigtenpädagogik auf die lautsprachliche Früherziehung und auf die Betreuung der integrativ beschulten hörgeschädigten Kinder spezialisiert. Am Heilpädagogischen Seminar Zürich (HPS) werden regelmässig Weiterbildungskurse mit Diplomabschluss durchgeführt.

Der Verein 'APPLETREE' ist im Gegensatz zur AGA kein Berufsverband im üblichen Sinn, sondern eine notwendige Ergänzung zu den bestehenden Fachgruppierungen. APPLETREE bezweckt eine enge interdisziplinäre Zusammenarbeit aller Personen, welche an der integrativen Erziehung und Ausbildung hörgeschädigter Kinder beteiligt sind: Eltern, Lehrkräfte, Fachleute, Mediziner, Hörgeräteakustiker, Schulbehörden und Freunde hörgeschädigter Kinder, wobei die Interessen des hörgeschädigten Kindes im Zentrum stehen sollen! Die Beteiligten wollen die schulische Alltagssituation *gemeinsam aktiv* mitgestalten und die beruflichen Möglichkeiten verbessern. Der Name wurde bewusst in englischer Sprache gewählt, um die Internationalität des geförderten Gedankenguts zu betonen.

---

[2] Die Tagung fand am 12. Juni 1993 an der Universitäts-Kinderklinik in Zürich statt.

1958 fand in Manchester der Internationale Kongress für die moderne Erziehung und Ausbildung hörgeschädigter Kinder statt. Erstmals wurde dort über die damals noch nicht für möglich gehaltenen Erfolge der lautsprachlichen Früherziehung mit früher Hörgeräteanpassung aus England, Holland, Dänemark, Schweden und den USA berichtet. Ab 1955 hatte ich als 'Anfänger im Taubstummenunterricht' Gelegenheit, einige dieser Zentren zu besuchen, mit dem Auftrag, in der 'Taubstummenanstalt' Zürich mit der Früherziehung und der Hörgeräteanpassung zu beginnen. Nach dem Kongress in Manchester entstanden, zuerst in Heidelberg unter ARMIN LÖWE, dann auch an anderen Orten in Europa, 'Pädaudiologische Zentren', welche noch jahrzehntelang von der etablierten Hörgeschädigtenpädagogik mit grösster Skepsis betrachtet wurden (und es zum Teil auch noch heute werden). Der Einbezug der neuen Erkenntnisse aus der Entwicklungsphysiologie, der Entwicklungspsychologie und der Audiologie haben eine vollständige Neuorientierung in der Hörgeschädigtenpädagogik ermöglicht.

In der deutschsprachigen Schweiz wurden ausser in Zürich ungefähr zur gleichen Zeit in den Regionen Bern, St. Gallen und Luzern pädaudiologische Stellen gegründet.

Dass wir heute gerade die Regionen Bern und Zürich zu Wort kommen lassen, hat seine Gründe:

• JOSEPH WEISSEN war einer dieser Pioniere und wird heute über seine reiche Erfahrung berichten. Mit unglaublicher Energie und Konsequenz hat er sich für die moderne Erziehung und Beschulung hörgeschädigter Kinder eingesetzt und darf nun – als Pensionierter – auf eine erfolgreiche Berufstätigkeit zurückblicken.

• PRISKA ELMIGER hat sich im Rahmen ihrer Diplomarbeit (Lizenziat) an der Universität Fribourg intensiv mit Aspekten der psychosozialen Situation bei integrativ beschulten hörgeschädigten Kindern auseinandergesetzt.

• RENÉ J. MÜLLER hat als Leiter der Kantonalen Beratungsstelle für hörgeschädigte Kinder in der Volksschule die integrative Beschulung in der Region Zürich seit 1986 'professionalisiert'. Er hat mit seiner Dissertation über hörgeschädigte Mädchen und Jungen in Regelschulen einen wesentlichen Beitrag zur Verbesserung der integrativen Beschulung hörgeschädigter Kinder und Jugendlicher geleistet. Leider verlässt er Zürich, wird aber in der Region Basel eine neue anspruchsvolle Aufgabe als Leiter der Gehörlosen- und Sprachheilschulen Riehen und Arlesheim übernehmen.

Integrative Beschulung
hörgeschädigter Kinder in der Region Bern
Josef Weissen

1958, also vor 35 Jahren, führte ich in Münchenbuchsee eine Sprachheilklasse, in der auch einige schwerhörige Kinder unterrichtet wurden. Da in der Sprachheilschule Münchenbuchsee grosser Platzmangel herrschte, schlug ich vor, schwerhörige Kinder in die Regelschule umzuschulen. Mein Vorschlag wurde unter den gegebenen Umständen mit Begeisterung aufgenommen. Wir stellten folgende Kriterien auf:

* altersentsprechender Wortschatz
* normale Satzstruktur
* dem Schultypus entsprechende Intelligenz
* verständnisvolle Lehrkräfte
* Eltern, die bereit sind, mitzuhelfen

Diese fünf Anforderungen erfüllte nur gerade *ein* Mädchen, Hanna. Sie wurde im April 1958 in die Primarschule ihres Wohnortes umgeschult.

Rückblickend freut es mich, dass wir schon damals in zwei der fünf Punkte Anforderungen an Lehrerin und Eltern stellten, und nicht nur dem schwerhörigen Kind Leistungen abverlangten. Dies ist für mich ein wesentlicher Punkt für eine geglückte integrative Beschulung, auf den ich später noch zurückkommen werde. Nachdem auch abgesprochen war, dass Hanna jederzeit in unsere Schule zurückkehren konnte, wurde der Versuch gestartet. Diese Regelung haben wir bis heute beibehalten. Alle Beteiligten sollen wissen, dass ein *Versuch* unternommen wird. So braucht niemand Angst zu haben vor einem Versagen, und wenn es einmal nicht klappen sollte, muss auch nicht nach Schuldigen gesucht werden.

Das erste Experiment gelang gut, und so folgten denn auch weitere Umschulungen von schwerhörigen Kindern der Sprachheilschule Münchenbuchsee in die Regelschule. Der Kontakt zwischen Lehrkraft, Eltern und mir war nie so intensiv wie in dieser ersten Phase. Nachdem ich 1960 mit der Früherfassung und Frühbetreuung von hörgeschädigten Kindern begonnen hatte, war es nach einigen Jahren soweit – angespornt durch die bisherigen, recht positiven Erfahrungen – dass schwerhörige Kinder direkt in Regelkindergarten und Regelschule eingeschult werden konnten. Dies führte zu einer neuen Forderung, die wir an das schwerhörige Kind stellen mussten. Diese lautete: Zumindest passives Verständnis der schriftdeutschen Sprache, weil diese unter den akustisch ungünstigen Verhältnissen im Schulzimmer nicht, oder nur sehr mangelhaft, erlernt werden kann.

Im übrigen hatte das Gelingen unserer ersten Versuche weitere Umschulungen von der Sonder- in die Regelschule zur Folge. Nicht nur wir, auch die Eltern waren mutiger geworden, auch bedingt durch Kontakte in der Elternvereinigung, die in der Region Bern kurz nach 1960 gegründet wurde.

Ich bin der Überzeugung, dass sich befruchtend ausgewirkt hat, dass die Begleitung der hörgeschädigten Kinder in der Regelschule von derselben Stelle ausgeführt wurde, die auch die Früherziehung gestaltet. So konnten wir zum Beispiel in der Früherziehung sofort reagieren, als wir merkten, dass mehr schwerhörige Kinder in der Mathematik Schwierigkeiten hatten als in den sprachlichen Fächern.

Allseitige Anstrengungen und viel Verständnis führten dazu, dass wir heute für unsere Region sagen können: Schwerhörige Kinder besuchen in der Regel die öffentliche Schule an ihrem Wohnort und nur ausnahmsweise eine Sonderschule. Für gehörlose Kinder gilt das Gegenteil. Sie besuchen in der Regel die Sonderschule und nur ausnahmsweise die Regelschule. Damit wären wir bei der heutigen Situation angelangt.

Ein entscheidender Faktor für das Gelingen einer guten integrativen Beschulung ist die Früherziehung. Darum dazu ein paar Worte: In den ersten Jahren der Früherziehung machte ich den Fehler, dass ich die Sprache überbewertete. Ich weiss zwar, dass eine gute Sprachkompetenz sehr viel beiträgt zu der Persönlichkeitsentwicklung, zum Selbstvertrauen des Kindes, aber wir müssen uns bewusst sein, dass die Entwicklung aller Fähigkeiten und Möglichkeiten angestrebt werden muss. Sehr gute Erfahrungen habe ich da im Bereich des Handelns gemacht, sodass ich heute selten mit Bildern arbeite. Warum das? Das Bild gibt dem Kind die Gewissheit, dass es etwas weiss. *Ein Ereignis, tätig erlebt, gibt ihm hingegen die Gewissheit, dass es etwas kann.* Und das ist meiner Meinung für die Schule und für das spätere Leben bedeutend wichtiger. Selbst erarbeitete Dinge lassen das Kind Erfahrungen sammeln im visuellen, auditiven und – was besonders wichtig ist – im taktil-kinästhetischen Bereich, in der Motorik, Feinmotorik, im Rhythmus usw.

Wenn es uns gelingt, durch tätiges Lernen das Interesse des Kindes für alles Neue zu gewinnen, es dazu führen, eine angefangene Arbeit zu vollenden, dann ist es uns sicher auch gelungen, die nötige Konzentration beim Kind zu erreichen. So geben wir dem Kind das nötige Rüstzeug mit auf den Weg, damit es sich im Kindergarten wohlfühlen und bewähren kann. Damit ist aber auch gewährleistet, dass es sein Selbstwertgefühl weiterentwickeln kann.

Mit dem Eintritt in den Kindergarten und später in die Schule treten Personen dem Kind gegenüber, die sein erlangtes Selbstwertgefühl erschüttern können. Darum ist es unsere Pflicht, diese Leute auf ihre Aufgabe vorzubereiten. Wir tun dies primär mit unserer Informationsschrift 'Ich höre die Glocke nicht!' und der dazugehörenden Kassette. Wenn die Lehrperson diese gelesen hat, treffe ich mich mit ihr. Im Gespräch beantworte ich allfällige Fragen und weise auf das hin, was es im Unterricht bei diesem Kind speziell zu beachten gilt. Im besonderen mache ich auf eventuelle Mehrarbeit aufmerksam. Die Lehrperson muss dies wissen, damit sie sich später nicht als 'hereingelegt', als verschaukelt, vorkommt.

Wo die Möglichkeit von zwei oder mehreren Klassen besteht, wird dieses Gespräch mit allen Lehrpersonen geführt, die in Frage kommen. Diese entscheiden dann selbst, wer das schwerhörige Kind übernimmt. Wo möglich, sollen die Eltern bei diesem Gespräch dabeisein. Da wir uns jetzt persönlich kennen, bekommen alle Beteiligten den Auftrag, sich selbst zu melden, wenn sie eine Frage haben oder wenn ein Problem auftaucht. Fragen können meist telefonisch erledigt werden. Für Problembesprechungen wird in der Regel ein Schulbesuch nötig, mit anschliessendem Gespräch. Selbstverständlich sollen die Eltern bei solchen Gesprächen dabei sein.

Damit die *unsichtbare Behinderung* nicht vergessen wird, führen wir halbtägige *Kurse* für das Lehrpersonal durch. Bis zum Erscheinen der Informationsschrift wurden bei dieser Gelegenheit Teil eins und drei der Informationsschrift plus Beispiele, wie sie auf der Kassette sind, vorgetragen oder erarbeitet. Diskussion und Gedankenaustausch standen sowohl dazumal, wie in den jetzigen Kursen auf dem Programm. Heute sind die Themen mehrheitlich aus dem psycho-sozialen Bereich.

Mindestens einmal im Jahr sollte jedes schwerhörige Kind besucht werden, auch wenn von keiner Seite Schwierigkeiten gemeldet werden. Bei diesen Besuchen frage ich in erster Linie nach dem Befinden des Kindes und nach seiner sozialen Stellung in der Klasse. Natürlich wird danach auch über die Schulleistungen gesprochen. Wie ich weiter oben ausführte, sollen die Eltern an den Gesprächen mit dem Lehrpersonal teilnehmen, und auch die Kinder dürfen dabei sein, wenn sie dies wünschen. Es gibt aber auch Probleme, die nur mit den Eltern besprochen werden. Dies in Rücksicht darauf, dass man die Zeit der Lehrpersonen nicht übermässig in Anspruch nimmt.

Die Aufklärung der Klassenkameradinnen erübrigt sich meist, wenn die Kinder schon vom Kindergarten an beieinander sind. Selten kommt es vor, dass in der Vorpubertäts- oder Pubertätszeit ein Gespräch mit der Klasse nötig wird. Wenn bei Wohnortwechsel oder Schultypenwechsel eine Aufklärung der Klasse nötig wird, strebe ich an, dass der Klassenlehrer einen Zyklus über Behinderungen durchführt. Ich möchte damit vermeiden, dass etwas ganz speziell nur für das hörgeschädigte Kind unternommen wird. Zudem finde ich es wichtig, dass die Kinder auch über andere Behinderungen aufgeklärt werden. Wenn es gewünscht wird, übernehme ich dann gerne ein Klassengespräch über die 'unsichtbare Behinderung'.

Wie eingangs erwähnt, erachte ich es als sehr wichtig, dass wir – neben den persönlichen Anstrengungen des hörgeschädigten Kindes und seiner Familie – möglichst günstige Voraussetzungen in der Schule schaffen. Wir sind quasi Anwalt des hörgeschädigten Kindes und unter anderem verantwortlich für die Gestaltung eines möglichst günstigen Umfeldes. Eine wichtige Voraussetzung, damit die integrative Beschulung für das hörgeschädigte Kind erleichtert wird, ist die Wahl seines Sitzplatzes im Klassenzimmer. Folgende Kriterien, die ich bereits früher schriftlich festgehalten habe und wie sie z. B. in ARMIN LÖWEs Buch 'Pädagogische Hilfen für hörgeschädigte Kinder in Regelschulen' (1987, S. 131) dargestellt sind, erachte ich nach wie vor als wichtig:

• möglichst kurze Distanz zur Lehrperson
• das schwerhörige Kind muss den Mund eines jeden Schülers sehen können
• das schwerhörige Kind muss das Licht im Rücken haben (Blendeffekt)
• das schwerhörige Kind muss möglichst nahe bei einer Wand sitzen (Verringerung des Nachhalls)

Wichtig scheint mir weiter, dass wir *'Sicherungen'* einbauen, damit wir einschreiten können, wenn der beste Sitzplatz verlorengeht. Ich fand bei meinen Besuchen mehrmals hörgeschädigte Kinder, die an recht ungünstigen Plätzen sassen und dies, obwohl der günstigste Sitzplatz ausgemacht und dem Lehrer empfohlen worden war. Manchmal geschieht dies auf den Wunsch der hörgeschädigten Kinder selbst. Dann ist ein klärendes, intensives Gespräch mit dem Kind fällig, damit es einsieht, warum der von uns angegebene Platz für es so wichtig ist.

Eine wichtige Rolle spielt die *Raumakustik*. Die beste Hilfe für das hörgeschädigte Kind ist ein Teppich, weil dadurch nicht nur der Nachhall, sondern auch viele Geräusche stark abgeschwächt werden. Wo ein Teppich für das ganze Schulzimmer nicht gewünscht oder nicht bewilligt wird, kann eine Teillösung getroffen werden für jenen Bereich des Schulzimmers, in dem dann der mündliche Unterricht stattfindet. Man kann die Wirkung ergänzen durch Pinnwände aus Kork, Schülerarbeiten aus weichen Materialien, die an den Wänden angebracht werden, durch Tücher, die gewellt an die Decke gehängt werden usw. Fenster, die gegen eine stark befahrene Durchgangsstrasse gerichtet sind, müssen mit Dreifachverglasung versehen werden.

Bei hochgradig hörgeschädigten Kindern müssen wir eine *FM-Anlage* einsetzen. Bei leichtgradig schwerhörigen Kindern setze ich dieses Hilfsmittel grundsätzlich nicht ein. Bei mittelgradig schwerhörigen Kindern versuche ich es immer zuerst ohne Anlage. Meine Zurückhaltung in der Abgabe einer FM-Anlage hat folgende Gründe:

• Die Lehrperson, ohnehin die dominanteste Person im Schulzimmer, wird durch die konstante Zusprache aus ungefähr zwanzig Zentimetern Entfernung noch dominanter.

• Durch die Ankoppelung der FM-Anlage ans Hörgerät des Kindes werden die mündlichen Beiträge der Mitschüler tendenziell benachteiligt.

Filme, Videos und *Tonträger* sind für das schwerhörige Kind schwierig zu verstehen, was den auditiven Bereich betrifft. Der Lehrer soll darum dem hörgeschädigten Kind vorher eine schriftliche Inhaltsangabe oder zumindest eine Zusammenfassung abgeben. Meist sind die Lehrkräfte auch bereit, die Videos mit der Inhaltsangabe und mit Angabe des Unterrichtsziels vor der Verwendung im Unterricht dem schwerhörigen Kind nach Hause mitzugeben. Über weitere methodisch-didaktische Überlegungen, die nötig sind, wenn ein hörgeschädigtes Kind in der Klasse ist, gibt unsere Informationsschrift Auskunft.

Die *Fremdsprachen* waren, als wir über die integrative Beschulung am grünen Tisch diskutierten, für uns ein grosses Sorgenkind. In der Praxis hat sich dann gezeigt, dass dem in den meisten Fällen nicht so ist. Damit die schwerhörigen Kinder die Möglichkeit haben, vom Üben mit der Kassette Gebrauch zu machen, liess ich die erste Kassette des Französisch-Lehrgangs: *'Bonne Chance'* durch einen Tonmeister verlangsamen. Der erste Teil der Kassette wurde im Verhältnis 1:1,75 verlangsamt, der zweite Teil im Verhältnis 1:1,5. So können sich hörgeschädigte Kinder langsam an das Tempo der Originalkassette heranarbeiten.

Ich möchte kurz noch etwas zur *Benotung* der hörgeschädigten Kinder sagen. Im Prinzip wollen sie selbst genau so benotet werden wie die KlassenkameradInnen. In der Klasse könnte es Konflikte auslösen, wenn das hörgeschädigte Kind anders benotet würde als seine Kameraden. Und doch muss manchmal eine Lösung gefunden werden, damit das Selbstvertrauen des hörgeschädigten Kindes nicht leidet. Solche Fälle müssen sehr individuell zwischen der Lehrperson und uns abgesprochen werden. Als Beispiel nenne ich eine so getroffene Lösung: Im Diktatheft werden alle Fehler angestrichen wie bei den übrigen Kindern. Für die Notengebung werden die Hörfehler abgezogen.

Während der Früherziehung und der Schulzeit müssen wir darum besorgt sein, dass eine *korrekte Aussprache* möglichst früh, aber spätestens bis zur Schulentlassung automatisiert ist. Bei den schwerhörigen Kindern, die bei uns integrativ beschult werden, ist dies fast zu hundert Prozent erreicht worden. Darüber bin ich sehr froh, denn zur Zeit, als wir Schwerhörige noch in der Sonderschule hatten, war ich regelmässig enttäuscht, wie die Aussprache mit zunehmendem Alter schlechter wurde. Viele Schwerhörige sprachen damals bei Schulabschluss kaum besser als ihre Alterskameraden in den Klassen für Gehörlose.

Ich möchte noch darauf hinweisen, dass wir an Orten, wo mehrere Klassen desselben Jahrgangs bestehen, den Antrag stellen, das hörgeschädigte Kind bei der Klasseneinteilung als sechs zu zählen. Wenn vierzig Kinder sind, bedeutet dies für die normale Regelklasse 22 bis 23 Kinder und für jene Regelklasse mit dem Schwerhörigen 17 bis 18 Kinder. Im Rahmen der jetzigen Sparmassnahmen werden wir noch vermehrt kämpfen müssen, um solche Vergünstigungen zu erreichen.

Logopädie-Unterricht steht den schwerhörigen Kindern im Rahmen der IV-Gesetzgebung selbstverständlich jederzeit zur Verfügung.

Stütz-Unterricht: Ab und zu kommt es vor, dass ein schwerhöriges Kind in einem Fach Lücken aufweist, die dazu führen können, dass das Kind den Anschluss verpasst. In einem solchen Fall setzen wir Stützunterricht ein. Am liebsten ist mir, wenn der Klassenlehrer diesen selbst übernimmt. Finanziell abgegolten wird der Stützunterricht durch die Erziehungs-Direktion. Ich habe die Forderung jeweils damit begründet, dass ein Schüler, der nach der vierten Klasse aus einem andern Kanton in eine bernische Schule übertritt, ebenfalls Anrecht auf einen Anschlussunterricht hat. Dasselbe Recht haben auch Ausländer-Kinder. Darum steht auch einem hörgeschädigten Kind das Anrecht auf Anschluss zu. Logopädie und Stützunterricht sind aber nur dann sinnvoll, wenn das hörgeschädigte Kind sie neben Schule und täglichen Aufgaben auch verkraften kann, ohne dadurch überfordert zu werden.

Nach meiner Beurteilung ist die integrative Beschulung schwerhöriger Kinder nicht mehr wegzudenken, und ich stehe voll und ganz dahinter, dass dies in der Regel die beste Vorbereitung für die Integration im späteren Leben ist. Ausnahmsweise besuchen bei uns auch Kinder, die lediglich über ein Restgehör verfügen, die Regelschule. Für sie könnte ich den obigen Satz nicht so eindeutig formulieren. Es gibt aber auch hier Kinder, bei denen man den Weg der integrativen Beschulung einschlagen muss, damit sie (nicht nur sprachlich) ihren Möglichkeiten entsprechend gefördert werden können.

Zum Schluss möchte ich Ihnen eine Besonderheit unseres Berufes aufzeigen. Der Mensch neigt im allgemeinen dazu, den Weg des geringsten Widerstandes zu gehen. Er ist deshalb stets froh, wenn er nach einem gewissen Schema arbeiten kann. Wie aus den folgenden Beispielen von *Shamir* und *Sonja* hervorgeht, dürfen wir Audiopädagogen uns das nicht erlauben. Wir müssen immer offen und flexibel bleiben, nach massgeschneiderten Lösungen suchen und nie denken, wir hätten die optimale Lösung bereits erreicht.

Shamir

Shamir war das zweite Kind einer italienischen Gastarbeiter-Familie. Er war von Geburt an hochgradig hörgeschädigt; der durchschnittliche Hörverlust am besseren Ohr (bei den Frequenzen 500 Hz, 1 kHz und 2 kHz) betrug 103 dB. Die Mutter arbeitete als Serviertochter von 18 Uhr bis Mitternacht. Die Eltern wünschten die Früherziehung in italienischer Sprache, weil sie Shamir in Italien einschulen wollten. Ich sprach nicht Italienisch. Gesamthaft gesehen sicher eine schwierige Ausgangslage. Trotzdem wagte ich den Einstieg, weil die Eltern mich überzeugen konnten, dass sie nach Italien zurückkehren wollten.

Mit sechs Jahren verfügte Shamir über einen Wortschatz, der zumindest altersentsprechend war, und man versicherte mir, dass die Satzstrukturen normal seien. Auf mein Gesuch hin wurde in seiner Wohngemeinde in Italien – in der Regelschule – eine Lehrerin bereitgestellt, die bis zu fünf Lektionen pro Woche hätte eingesetzt werden können, um mit Shamir den Schulstoff aufzuarbeiten. Schon nach wenigen Wochen konnte sie ihren Einsatz auf eine Stunde pro Woche reduzieren. Bisher ging es Shamir gut und demnächst werde ich erfahren, wie es ihm in der vierten Klasse ergeht.

Sonja

Singen ist ein Fach, in dem für jedes hörgeschädigte Kind eine individuelle Lösung gesucht werden muss. Zwischen Dispensationen in den oberen Klassen bis zu sehr schönen Integrationserlebnissen, wo es Lehrpersonen gelang, hochgradig schwerhörige Kinder so zu motivieren, dass sie bis zur Schulentlassung auf angemessene Art mitmachen konnten, gab es sehr viele verschiedene Lösungsvarianten.

Eine singfreudige Mutter lehrte ihre hochgradig schwerhörige Tochter Sonja singen, ohne je nach dem Audiogramm oder nach den Erfolgsaussichten, die ihre Bemühungen haben würden, zu fragen. Das Ergebnis war, dass Sonja in der fünften Klasse sicher und rein sang.

Mit einem Kompliment und bestem Dank an die vielen guten Mütter, mit denen ich im Laufe meiner Tätigkeit zusammenarbeiten durfte, möchte ich diese Ausführungen schliessen.

Soziale Situation
von integriert beschulten Schwerhörigen in Regelschulen
Priska Elmiger

Der vorliegende Beitrag ist die Zusammenfassung meiner Lizentiatsarbeit (Diplomarbeit), welche ich am Heilpädagogischen Institut der Universität Freiburg einreichte. Das Thema der Arbeit wurde durch Herrn JOSEF WEISSEN, Audiopädagoge in Bern, angeregt. Im Rahmen eines Forschungsprojektes untersuchte Professor HAEBERLIN (Lehrstuhl für Heilpädagogik an der Universität Freiburg) mit seinem Team die schulische und soziale Situation von integriert beschulten lernbehinderten Kindern. Herr WEISSEN gelangte danach mit der Anfrage ans Institut, ob im Rahmen eines weiteren Projektes die soziale Situation von integriert beschulten Schwerhörigen untersucht werden könne. Aufgrund seiner langjährigen Erfahrung ist die soziale Situation der Kernpunkt der Integration Schwerhöriger.

Problemstellung und Zielsetzung der Arbeit

Bis in die fünfziger Jahre hinein war es selbstverständlich, dass hörbehinderte Kinder Sonderschulen besuchten. Seither ist in der Schweiz die zunehmende Tendenz feststellbar, hauptsächlich schwerhörige Kinder in Regelschulen zu integrieren. Die integrative Beschulung verläuft mehrheitlich befriedigend. Herrn WEISSEN fiel jedoch auf, dass es trotzdem hin und wieder zu Umschulungen von bereits integrierten Kindern an Sonderschulen kam. Nach seinen Beobachtungen sind die Probleme, welche zur Umschulung führen, hauptsächlich sozialer Art. Aufgrund seiner Beobachtungen findet er es wichtig, dass die soziale Situation der Kinder genauer analysiert wird. Es soll geklärt werden, inwieweit die Integration von Schwerhörigen nicht nur ein Beieinander, sondern ein wirkliches Miteinander ist.

Zur Klärung der dargestellten Probleme sollte die Arbeit Auskunft über die soziale Situation von integriert beschulten schwerhörigen Kindern geben:

* wie gut sind sie integriert?
* wie gut fühlen sie sich integriert?
* welche Faktoren beeinflussen ihre soziale Situation?

Integrationsdiskussion in der Literatur

Im folgenden werden einzelne ausgewählte Aspekte der Integrationsdiskussion kurz vorgestellt. Auf eine umfassende Darstellung der Inhalte muss an dieser Stelle aus Platzgründen verzichtet werden.

Geschichtlicher Verlauf der Beschulung Schwerhöriger in Richtung Integration

Bereits Mitte des 19. Jahrhunderts haben in Deutschland Integrationsversuche stattgefunden. Sie sind unter dem Begriff *'Verallgemeinerung des Taubstummenwesens'* in die Geschichte eingegangen. Aus verschiedenen Gründen sind die damaligen Versuche aber nach kurzer Zeit gescheitert. Neuere Versuche, Hörbehinderte zu integrieren, sind nach dem 2. Weltkrieg zu beobachten. Diese haben zuerst im anglo-amerikanischen Raum stattgefunden. Die Hauptinitiative ging bezeichnenderweise von den Eltern aus. Mit einiger Verzögerung wurde in einzelnen Bundesländern Deutschlands die Integration Hörbehinderter in den 70er Jahren[3] gewagt. Erfreulich früh wurde die Integration in der Schweiz angegangen. Nachfolgend wird auf die Integrationspraxis von zwei Regionen ausführlicher eingegangen: In der Beratungsregion Bern (diese umfasst die Kantone Bern, Solothurn, Freiburg und Wallis) wurden erste Integrationen ab Ende der fünfziger Jahre durchgeführt. Die Intiative dafür ging von den Eltern aus. Ab 1960 fand auch bereits Frühförderung von hörbehinderten Kindern statt. Diese führte dazu, dass immer mehr Kinder direkt in die Regelschule eintreten konnten. 1989 besuchten 105 schwerhörige Kinder die Regelschule und zwölf die Hörbehindertenschule. Dies ergibt einen prozentualen Anteil integrierter Schüler und Schülerinnen von 90%. Die Schüler in der Regelschule werden durch den audiopädagogischen Dienst der Sonderschule Münchenbuchsee (Bern) betreut (WEISSEN 1989). In der Bera-

---

[3] Eine bemerkenswerte Ausnahme stellt ARMIN LÖWE, Heidelberg, dar. Als Pionier im deutschsprachigen Raum setzte er sich bereits seit 1958 unermüdlich für eine intensive Früherziehung und eine gemeinsame Beschulung von hörgeschädigten und normal hörenden Kindern ein (Anm. d. Hrsg.).

tungsregion Innerschweiz (umfasst die Kantone Luzern, Zug, Uri, Schwyz, Ob- und Nidwalden) erhielt der audiopädagogische Dienst ab 1971 offiziell den Auftrag, integriert beschulte Hörbehinderte an Regelschulen zu betreuen. 1990 wurden hier 80% der schwerhörigen Schüler und Schülerinnen integriert beschult (EMMENEGGER-HIRSCHI 1992).

Integrative Beschulung

Von zahlreichen Autoren wird gefordert, dass ein hörbehindertes Kind, um überhaupt integrativ beschult werden zu können, eine Vielzahl von Voraussetzungen erfüllen sollte. Stellt man diese Voraussetzungen zusammen, so ergibt dies einen Anforderungskatalog, der kaum je von einem Kind, ob sogenannt behindert oder nicht, erfüllt werden kann. Im Anforderungskatalog werden verschiedenste Kompetenzbereiche aufgelistet. So sollten Schwerhörige in Bezug auf ihre kognitiven, sprachlichen, sozialen usw. Kompetenzen 'Superkinder' sein, damit eine Integration überhaupt gewagt werden darf. Daraus wird deutlich ersichtlich, dass sehr grosses Gewicht auf die Integrationsfähigkeit des Kindes gelegt wird. Im Vergleich dazu sind die Anforderungen, denen die Schule für eine Integration zu genügen hat, verschwindend klein.

Diese auffallende Diskrepanz ist in der Integrationsdiskussion nichts Neues. So macht zum Beispiel URS HAEBERLIN in seinen Publikationen immer wieder auf die Gefahr aufmerksam, dass die Integrationsfähigkeit des Kindes zu stark, die Integrationsfähigkeit der Schule jedoch zu wenig gewichtet wird. Das Ziel für die Zukunft sollte darin bestehen, vermehrt die Integrationsfähigkeit seitens der Schule zu fördern.

Deutlich kommt bei der Literaturdurchsicht zum Ausdruck, dass die soziale Situation der integrierten schwerhörigen Schüler ein zentrales Problem darstellt. Ihre soziometrische Position in der Klasse wird meist als randständig beschrieben.

Ergebnisse von vergleichbaren Untersuchungen

In einem Kapitel meiner Arbeit verglich ich viele Untersuchungen, welche ähnliche Fragestellungen zu klären versuchten. Mit Hilfe der Ergebnisse versuchte ich anschliessend, Hypothesen für die eigene Untersuchung abzuleiten. Von besonderem Interesse waren Aussagen zur sozialen Situation der schwerhörigen Schülerinnen und zu Faktoren, welche diese beeinflussen. Die meisten dieser Untersuchungsergebnisse zeigen eine unbefriedigende soziale Situation der schwerhörigen Schüler. Dies betrifft sowohl die Einschätzung der Situation durch die Klassenkameraden wie auch die Einschätzung durch die Schwerhörigen selber. Schwerhörige scheinen ihren sozialen Status eher zu überschätzen. Im weiteren gibt es mehrere Hinweise dafür, dass Integration altersabhängig verläuft. In den unteren Klassen ist die Integration meist problemlos, scheint aber in oberen Klassen zunehmend schwieriger zu werden.

Ergebnisse von Erfahrungsberichten

Im Gegensatz zu den Untersuchungsergebnissen stehen die Erfahrungsberichte, welche vor allem in Fachzeitschriften recht häufig zu finden sind. In den Erfahrungsberichten werden fast ausschliesslich gut verlaufende Integrationsbeispiele beschrieben.

Zusammenfassung

Die meisten Autoren scheinen sich darin einig zu sein, dass die soziale Integration von Schwerhörigen ein zentrales Problem darstellt. Auch Untersuchungen ermittelten bisher mehrheitlich eine unbefriedigende soziale Situation der schwerhörigen Kinder in Integrationsklassen. Im weiteren fällt auf, dass eine grosse Diskrepanz zwischen den Anforderungen an die Integrationsfähigkeit des schwerhörigen Kindes und die der Schule besteht: Anforderungen werden hauptsächlich an das Kind, kaum jedoch an die Schule gestellt.

Eigene Untersuchung

Aufgrund des Literaturstudiums, der Durchsicht von vergleichbaren Untersuchungen und von Erfahrungsberichten konnten Ableitungen für die eigene Untersuchung gemacht werden. Diese wurden ergänzt durch Ergebnisse einer Studie von HAEBERLIN et al. (1990), in welcher die Situation von Lernbehinderten untersucht wurde. Nachfolgende Fragestellungen und Hypothesen wurden daraus entwickelt.

Fragestellung 1:

Wie gut sind Schwerhörige im Vergleich zu ihren Mitschülern integriert: Erstens aus der Sicht der Mitschüler und zweitens aus eigener, subjektiver Sicht (soziales, emotionales und leistungsmotivationales Integriertsein).

Hypothese 1:

Schwerhörige Schülerinnen und Schüler haben einen tieferen soziometrischen Status, sind also weniger beliebt. Die eigene Einschätzung ihrer sozialen Situation in der Klasse (soziales, emotionales und leistungsmotivationales Integriertsein) ist schlechter als die ihrer Mitschüler.

Fragestellung 2:

Gibt es eine Übereinstimmungen zwischen der Selbst- und der Fremdeinschätzung der sozialen Situation?

Hypothese 2:

Die Selbst- und Fremdeinschätzung stimmen nicht überein. Die Selbsteinschätzung ist zu hoch.

Fragestellung 3:

Welche Faktoren haben einen wesentlichen Einfluss auf die soziale Integration von schwerhörigen Schülern?

Hypothese 3:

Die folgenden Faktoren haben einen wesentlichen Einfluss auf die soziale Integration von schwerhörigen Schülern und Schülerinnen: Alter, Geschlecht, Hörverlust, Schulleistungen, Sprachkompetenz, Belastbarkeit und Einsatz, zusätzliche Betreuung, Unterstützung, Tragen von Hörgeräten, andere äussere Merkmale, Sportlichkeit, andere besondere Fähigkeiten, Konstanz der Klasse, Anzahl Lehrpersonen, Klassengrösse, Akzeptanz der Behinderung, Kontakte zu anderen Schwerhörigen, angepasstes Verhalten, subjektive Einschätzung von sozialer, emotionaler und leistungsmotivationaler Integration, Klassenstufe, Schultyp.

Fragestellung 4:

Haben die gleichen Faktoren auch Einfluss auf die soziale Integration von Normalhörenden?

Hypothese 4:

Vergleichbare Faktoren haben auch einen wesentlichen Einfluss auf die soziale Integration von normalhörenden Schülerinnen und Schülern.

Überprüfung der Hypothesen

Bei der Überprüfung der Hypothesen wurde ich durch zwei Statistiker, welche bereits bei der Untersuchung von HAEBERLIN (1990) zur Situation von integriert geschulten Lernbehinderten mitgearbeitet hatten, unterstützt. Zum Teil wurden auch die gleichen Untersuchungsinstrumente eingesetzt. Es wird darauf verzichtet, das ganze Überprüfungsverfahren aufzuzeigen. Interessierte Leser können die nötigen Angaben in der Lizentiatsarbeit nachlesen. Die nachfolgenden Ausführungen beschränken sich auf die Vorstellung der *Untersuchungsverfahren:*

Soziometrisches Untersuchungsverfahren:

Methode der erlebten Interaktionshäufigkeiten nach KRÜGER (1976). Mit Hilfe dieses Verfahrens können Beziehungen innerhalb von Gruppen ermittelt werden. Es zeigt auf, welchen sozialen Status die einzelnen Gruppenmitglieder haben, das heisst, welche Schüler beliebt und welche unbeliebt sind. Die Schüler mussten dazu Fragen in bezug auf ihre Mitschüler innerhalb einer fünfteiligen Skala beantworten (immer, oft, mittel, selten, nie), beispielsweise: "Wie oft spreche ich mit ...?" oder "Wie oft ärgere ich mich über ...?" Aufgrund dieser Angaben konnte berechnet werden, wie gut die einzelnen Schüler in der Klasse integriert sind.

Fragebogen zur Erfassung der Integration von Schülern (FDI 4-6):

Dieser Fragebogen (FDI 4-6) wurde von MOSER (1989) im Rahmen der Untersuchung von HAEBERLIN zur Integration von Lernbehinderten entwickelt. Die Schüler müssen wiederum auf einer fünfstufigen Einschätzungsskala 45 Fragen beurteilen. MOSER unterscheidet in seinem Fragebogen zwischen drei verschiedenen Dimensionen von Integriertsein:

- Die *soziale Integration* zeigt auf, wie die SchülerInnen ihre Beziehungen zu den Klassenkameraden einschätzen.

- Unter *emotionaler Integration* wird das momentane globale Befinden der Kinder verstanden. Dieser Aspekt gibt darüber Auskunft, wie wohl sich die Schülerinnen und Schüler in der Klasse fühlen.

- *Leistungsmotivationale Integration* beinhaltet die subjektive Einschätzung der eigenen Begabung. Sie zeigt auf, ob sich ein Schüler oder eine Schülerin den Leistungsanforderungen gewachsen fühlt oder nicht.

Aufgrund des Fragebogens kann die subjektive Einschätzung der SchülerInnen in bezug auf die drei Aspekte von Integriertsein ermittelt werden.

Lehrerfragebogen:

Der Fragebogen wurde eigens für die Untersuchung entwickelt. Er beinhaltet Fragen zu den möglichen Faktoren, welche die soziale Situation beeinflussen (vgl. Hypothese 3). Die meisten Fragen mussten vom Lehrer der besseren Auswertbarkeit wegen wiederum auf einer Einschätzungsskala beantwortet werden.

Versuchspersonen

Unter Mithilfe der Herren WEISSEN, BIERI und EMMENEGGER, Leiter der audiopädagogischen Beratungsstellen der Regionen Bern und Innerschweiz, wurden die Namen aller schwerhörigen SchülerInnen zusammengestellt, welche integriert beschult werden. Wegen der Untersuchungsmaterialen (z. B. Fragebogen) konnten nur schwerhörige SchülerInnen ab der 4. Klasse berücksichtigt werden. Insgesamt wurden 89 schwerhörige SchülerInnen und ihre LehrerInnen angefragt, ob sie bei der Untersuchung mitmachen. Insgesamt beteiligten sich 61 Klassen mit je einem schwerhörigen Kind an der Untersuchung (in einer Klasse waren zwei schwerhörige Kinder), was einen Rücklauf von 70% ergibt. Dieser Rücklauf ist sehr hoch.

Damit die Ergebnisse der Schwerhörigen verglichen werden konnten, wurden die Daten von normalhörenden Mitschülern mitausgewertet. Pro Klasse wurden dafür drei weitere SchülerInnen durch Zufall ausgewählt. Die Untersuchung wurde im Sommer 1991 durchgeführt.

Ergebnisse

Frage 1 versuchte zu klären, wie gut schwerhörige Schüler im Vergleich zu ihren normalhörenden Klassenkameraden integriert sind, und zwar einerseits aus der Sicht der MitschülerInnen und andererseits auch aus eigener, subjektiver Sicht.

• Es gibt keinen Grund zur Annahme, dass Schwerhörige aus der Sicht ihrer MitschülerInnen schlechter integriert sind als ihre normalhörenden KlassenkameradInnen.

• Es ist nicht anzunehmen, dass sich schwerhörige und normalhörende Schüler und Schülerinnen bezüglich ihrer subjektiven Einschätzung der sozialen und emotionalen Integration unterscheiden. Schwerhörige und Normalhörende unterscheiden sich jedoch bezüglich ihrer Einschätzung der leistungsmotivationalen Integration. Die Einschätzung der schwerhörigen SchülerInnen ist tiefer. Sie fühlen sich den schulischen Anforderung weniger gewachsen als ihre MitschülerInnen.

Frage 2 befasste sich mit der Übereinstimmung zwischen der Selbst- und Fremdeinschätzung bezüglich der sozialen Situation von Schwerhörigen.

Die Hypothese wurde nicht bestätigt. Eine Überschätzung der sozialen Situation durch die Schwerhörigen selber ist eher unwahrscheinlich.

Das Ziel von *Frage 3* war herauszufinden, welche Faktoren die soziale Integration von schwerhörigen SchülerInnen beeinflussen.

Die meisten in der Hypothese aufgeführten Faktoren wurden nicht bestätigt. Einzig die ermittelten Werte zum Faktor 'sportliche Fähigkeiten' deuten darauf hin, dass dieser für die soziale Integration wesentlichen Vorhersagewert haben kann. Das Ergebnis darf jedoch nicht überbewertet werden. Alle in die

Fragestellung miteinbezogenen möglichen Faktoren vermögen lediglich 16% der Varianz, das heisst der Faktoren, welche die soziale Situation beeinflussen, zu erklären. Der grösste Teil der wesentlichen Faktoren konnte mit dem Fragebogen nicht erfasst werden. Die Ergebnisse von Fragestellung 3 und 4 sind aus diesem Grund sehr vorsichtig zu interpretieren.

Frage 4 versuchte zu klären, inwieweit vergleichbare Faktoren die soziale Situation von normalhörenden Schülern beeinflussen.

Die Hypothese wurde bestätigt. Wie bei den schwerhörigen scheinen auch bei den normalhörenden Schülerinnen und Schülern die sportlichen Fähigkeiten, die soziale Situation positiv zu beeinflussen. Zusätzlich hat die subjektive Einschätzung des eigenen sozialen Integriertseins wesentlichen Vorhersagewert für die soziale Integration. Wiederum konnte aber ein Grossteil der wesentlichen Faktoren nicht geklärt werden.

Bedeutung der Ergebnisse

Die Ergebnisse der Untersuchung sind positiv und sehr erfreulich. Sie stehen im Gegensatz zu den meisten Erwartungen, die aufgrund von Literaturstudien und vergleichbaren Forschungen gemacht werden konnten.

Welches sind nun die möglichen Einflüsse, die zu diesem guten Ergebnis geführt haben? Die positive Bilanz kann sicherlich als Resultat der guten Betreuungsarbeit, die in beiden Regionen geleistet wird, gewertet werden. An beiden Beratungsstellen wird grosses Gewicht auf die Zusammenarbeit mit Eltern und Lehrpersonen gelegt. Das Umfeld wird über die Hörstörung und deren Folgen aufgeklärt, was eine Grundlage dafür bietet, dass von Seiten des Umfeldes Anpassungsarbeit an das schwerhörige Kind geleistet werden kann. Aufklärungsarbeit ist die Basis für ein integrationsfähigeres Umfeld und eine integrationsfähigere Schule im speziellen. Dem Umfeld werden dadurch Kompetenzen für einen rücksichtsvolleren Umgang mit dem schwerhörigen Kind vermittelt.

Die Ergebnisse könnten aber auch darauf hinweisen, dass die Schwerhörigen eine Behinderungsgruppe sind, deren schulische Integration weniger problematisch verläuft als bei anderen Behinderten, beispielsweise den Lernbehinderten. Sie scheinen gesamtgesellschaftlich besser akzeptiert zu sein.

Die schwerhörigen SchülerInnen schätzen ihre soziale Situation selbst realistisch ein. Dieses Untersuchungsergebnis könnte darauf hindeuten, dass die Schwerhörigen selber einen guten Informationsstand über ihre Behinderung haben. Sie können ihre Stärken und Schwächen realistisch beurteilen. Einzig bei der eigenen Beurteilung der leisungsmotivationalen Integration zeigte sich ein wesentlicher Unterschied zwischen normalhörenden und schwerhörigen Schülerinnen und Schüler. Dieses Ergebniss kann als eine Folge der hohen Leistungsanforderungen, welche unser Schulsystem an die Kinder stellt, interpretiert werden. Die hohen Anforderungen lassen Schwerhörige ihre Erschwerungen spüren und geben ihnen das Gefühl, weniger zu können. Stützmassnahmen können dieses Gefühl noch verstärken. Sie manifestieren gegen aussen, dass schwerhörige Schüler weniger können und darum zusätzliche Unterstützung brauchen. Eine Änderung könnte durch ein anderes Werteklima in der Schule herbeigeführt werden. In einer solchen Schule würde der Unterricht stark individualisiert erfolgen. Stützmassnahmen müssten nicht mehr ausserhalb der Klasse, sondern könnten im Klassenverband durchgeführt werden. Statt eines Leistungsvergleichs an der Klassennorm, würde ein individueller Leistungsvergleich angestrebt werden. Diese Veränderungen würden einen weiteren Schritt in Richtung integrationsfähige Schule bedeuten mit der Chance, dass sich Schwerhörige in Zukunft auch leistungsmotivational integriert fühlen können. Die Faktoren, welche die soziale Integration wesentlich beeinflussen, konnten in der Untersuchung leider nicht geklärt werden. Es ist anzunehmen, dass andere, in der Untersuchung nicht berücksichtigte Faktoren, einen zentralen Stellenwert haben. Faktoren wie der Einfluss der Familie, der Lehrperson usw., welche in dieser Untersuchung aus Kapazitätsgründen weggelassen werden mussten, sollten in Zukunft weiter überprüft werden.

Abschliessende Bemerkungen

Obwohl die Ergebnisse sehr erfreulich sind, möchte ich davor warnen, sie als alleiniges Argument für nur integrative Beschulung zu benutzen. Ich bin der Meinung, dass der Entscheid der Schulwahl weiterhin im Gespräch zwischen Eltern und verantwortungsbewussten Fachpersonen gefällt werden sollte.

Aufgrund der vorliegenden Untersuchung kann jedoch gesagt werden, dass integrative Beschulung für viele, das heisst aber nicht für alle schwerhörigen Kinder, eine empfehlenswerte Beschulungsmöglichkeit darstellt. Es wird auch in Zukunft immer wieder Kinder geben, für die zu überlegen ist, ob nicht eine Schwerhörigenschule die bessere Vorbereitung für das Hauptziel der gesellschaftlichen Integration ist. Solange die Regelschule noch zahlreiche Schritte in Richtung Integrationsfähigkeiten zu gehen hat, wird es Schwerhörigenschulen brauchen.

Linguistische Aspekte
beim frühkindlichen Spracherwerb
Heidi Heldstab

Anina[4] ist ein hochgradig schwerhöriges Mädchen mit einer günstig verlaufenden Hörschwelle und mittleren Hörverlusten von rechts ca. 85 dB, links ca. 75 dB. Mit zwei HdO-Hörgeräten (Phonak Audinet PP-C-L) lassen sich diese Werte auf 40 dB bzw. 50 dB verbessern. Bevor ich auf Aninas Sprachentwicklung und ihre vorschulische bzw. schulische Situation näher eingehe, sollen einige grundsätzliche linguistische Aspekte des frühkindlichen Spracherwerbs aufgezeigt werden. Dabei beziehe ich mich insbesondere auf die hörsprachliche Erziehung hörgeschädigter Kinder. Zwei wesentliche Voraussetzungen für den Spracherwerb sind:

- Die Sprache soll Teil des Alltagsgeschehens sein, nicht anders als bei einem guthörenden Kind
- Hör- und sprachtherapeutische Aspekte müssen zusätzlich in den Alltag integriert werden.

Hörerziehung – in den Alltag integrierte Schulung des Restgehörs

Auditive Stimulierung

Die Eltern und die Therapeutin machen dem Kind Töne, Klänge und Geräusche in seinem Umfeld laufend erfahrbar. Sie achten auch auf 'tönendes' Spielzeug. Sie kontrollieren, ob das Kind durch seine Re-Aktion zeigt, dass es auditiv etwas wahrgenommen hat. Wenn immer möglich, erzeugen sie Töne,

---

[4] Im Beitrag 'Empathie-Förderung im Kindergarten' von BEATA FELDMANN, SUZANNE GRÜTTER und RENÉ J. MÜLLER wird detailliert auf Anina eingegangen.

Klänge, Geräusche am und mit dem Körper des Kleinkindes. Spüren-Sehen-Hören bilden so eine Einheit.

Lokalisieren, Richtungshören

Richtungshören oder Lokalisieren einer Schallquelle wird aufgebaut, indem die Erwachsenen mit dem Kind den Geräuschen, Tönen und Klängen nachgehen, um die akustische Quelle zu suchen; dafür interessiert sich das Kind vorrangig.

Differenzierungsfähigkeit

Die auditive Differenzierungsfähigkeit wird gefördert, indem das Kind immer wieder neu erlebt, dass das Bellen je nach Hund, die Stimme je nach Mensch, das Läuten je nach Glocke usw. verschieden tönt. Das Kind lernt so die Bedeutung von Geräuschen, Tönen und Klängen erkennen. Es kann den Automotor *hören*, sich mit der Zeit das Auto *vorstellen* und *erkennt*, dass nun der Vater nach Hause kommt. Es kann die Autohupe *hören*, sich das fahrende Auto auf der Strasse vorstellen und *weiss*, dass das gefährlich ist und dass es darauf achten muss, selbst in Sicherheit zu sein. Es kann Wasser rauschen *hören* und *lokalisiert* das Geräusch im Badezimmer, *stellt* sich die Badewanne mit einfliessendem Wasser *vor* und *weiss*, dass es nun baden darf. Oder: es *lokalisiert* das Geräusch im Freien, *stellt* sich den Regen *vor* und *weiss*, dass es den Schirm braucht.

Hör-Sprach-Erziehung

Bevor eine Handlung erfolgt, wird das Kind auf diese vorbereitet. 'Sprache-Hören' geht einer Handlung also stets voraus. Das Kind soll durch die Sprache auf die kommende Handlung aufmerksam werden.

• Es wird am Kopf (seitlich und hinten) des Kindes gesprochen. Hören und Spüren bilden eine Einheit.
• Es wird mit Abstand zum Kind gesprochen. Das Kind liest bei Bedarf spontan ab (keine Ableseübungen).
• Das Kind wird mit Abstand angesprochen, ohne den Sprechenden zu sehen.

Sprachinhalt – Voraussetzung für Sprachproduktion

Wenn wir die Sprachentwicklung beim guthörenden Kind beobachten, dann sehen wir, dass es erst *Sprachinhalt* erwirbt, Sprache verstehen lernt, bevor es zur Sprachproduktion kommt. Dieselbe Entwicklung möchten wir dem hörbehinderten Kind auch ermöglichen.

In einer ersten Phase geht es also vor allem darum, dass das Baby und Kleinkind seine Umwelt und sein eigenes Wesen in dieser Umwelt kennenlernt, indem es diese berührt, ergreift, festhält, untersucht, ausprobiert, sich mit ihr auseinandersetzt. Mittels Bewegung und taktil-kinästhetischer Wahrnehmung kann es die Realität erkunden und Vorstellungen von ihr aufbauen. Es begreift, wie Dinge in Wirklichkeit sind und wie es selbst zu ihnen steht. Es erfährt dabei auch formale Aspekte wie Farben (visuell wahrnehmbar) und Geräusche/Klänge/Töne (auditiv wahrnehmbar), die dazugehören.

Zu diesen sich individuell und spontan entwickelnden nichtsprachlichen Denkinhalten liefert die Umgebung vom ersten Tag an die konventionellen Sprachformen. Gesprochene Sprachformen sind Klänge (Vokale) und Geräusche (Konsonanten), nichts weiter! Wenn ein Kind die Beziehung zwischen diesen angebotenen Sprachformen und seinen selbsterworbenen Inhalten entdeckt, dann entdeckt es die Sprache. Sprache kann also nicht gelehrt werden. Der *semantische Bezug,* das heisst das Zusammenbringen von Inhalt und Form ist ein schöpferischer Akt, den jedes Kind selbständig vollbringt. Hat das Kind ein gewisses Mass an Sprachinhalten erworben, so beginnt es, seine Vorstellungen und Gedanken sprachlich mitzuteilen. Sprache zeichnet sich dadurch aus, dass sie nicht an das Hier und Jetzt der aktuellen Situation gebunden ist.

Ergreifen →	*Begreifen* →	*Begriff* →	*Kommunikation*
Realität	Vorstellungen aufbauen	mit Sprachformen verbinden, semantischer Bezug	Austausch von Gedanken und Gefühlen mittels sprachlicher Formen
Wahrnehmung		*sprachliches Denken*	

Zur *Kommunikation* wird die Sprache dann, wenn die Mitteilung eines anderen verstanden und darauf Bezug genommen werden kann. Kommunikation ist gegenseitiges Geben und Nehmen (nicht einfach nur einseitige Sprachproduktion). In einem weiteren Schritt erfährt das Kind nun auch den *pragmatischen Aspekt* der Sprache: Wann sagt man wem was wie? Dem guthörenden Menschen sind dabei Betonung, Dynamik und Sprechrhythmus eine Hilfe. Der Hörbehinderte kann zwar aus Gestik und Mimik manches, was er nicht hört, herauslesen, in der Eigenproduktion ist er aber sehr auf einen differenzierten Sprachschatz angewiesen. Das muss Eltern und Therapeutinnen ein grosses Anliegen sein. Das 'Dahinter' der Sprache zu entdecken fasziniert erfahrungsgemäss jedes Kind, das hörbehinderte aber ganz besonders. Hier wird eine Türe zum Reichtum der Sprache geöffnet und zugleich zu einem weiten Feld für individuelle Sprachschöpfungen, auf welche Menschen mit eingeschränkter Wortqualität oft angewiesen sind. Was meinen wir, wenn wir von einem Kind sagen, es strahle wie eine Sonne, es sei eine Wundertüte oder eine Schneckenpost oder wenn wir feststellen, eine Reise sei ins Wasser gefallen, ein Fest sei geplatzt oder ein Kuchen sei wie ein Sandsturm?

Entwicklung von Sprachinhalt

Pragmatischer Aspekt der Sprache	Das 'Dahinter' der Sprache (sens figuré)
Wann sagt man wem was wie?	Bsp.: Ich habe einen Salat gemacht. Ein Wort ist unter den Tisch gefallen. Welches Fest steht vor der Türe?

So wie Eltern eines normalhörenden Kindes vom ersten Tag an zu ihm sprechen, wohlwissend, dass es noch keinen Zugang hat zu dieser Sprache, doch darauf vertrauend, dass es diesen finden wird, so tun es auch Eltern und Therapeutinnen hörbehinderter Kinder viele Jahre lang. Stets beginnen sie mit Wahrnehmen und konkreter Interaktion und durchweben diese mit allen Stufen der Hör- und Sprachentwicklung. Explorierebene, Hörebene und Sprachebene bilden eine Einheit im Vorschulalter. Familie und Therapeutin gestalten die Umgebung des Kindes entsprechend. Sie ermöglichen ihm *selbstentdeckendes Lernen*. Es ist die Phase des *Inputs*. Es wird viel gehandelt und kommuniziert mit dem Kind, aber wenig erklärt. Auf der Stufe des Begreifens und Verstehens erwirbt es sich ein breites Wissen.

Die Früchte der Früherziehung können wir oft erst viel später ernten, in der Schule, manchmal erst ab der 3. Klasse, wenn das spontane Verfügen über sprachliche Möglichkeiten gefragt ist. Das kann für die beteiligten Erwachsenen, die diese Erfahrung zum ersten Mal machen, zur echten Geduldsprobe werden.

Selbstentdeckendes Lernen und Sprachformen

Die Erfahrung zeigt, dass sich Kinder auf der Basis des selbstentdeckenden Lernens auch die Sprachformen grösstenteils selbst aneignen. Bei der *gesprochenen* Sprache haben wir es mit Sprechlautformen, *Phonemen*, bei der *geschriebenen* Sprache mit Buchstabenformen, mit *Graphemen* zu tun. Phoneme kann das hörbehinderte Kind nur beschränkt über sein Restgehör und die Augen aufnehmen. Grapheme sind die einzigen Sprachformen, die ihm exakt zugänglich sind.

Weder die gesprochene noch die geschriebene Sprachform-Art bedeutet den Kindern zu Beginn etwas. Trotzdem sprechen wir mit jedem Kind ab dem ersten Lebenstag. Es wird die Sprechformen mit der Zeit mit seinem Erleben im Alltag zusammenbringen und deren Sinn entdecken. So auch das hörgeschädigte Kind. Einerseits müssen wir ihm die Phoneme so optimal wie möglich auditiv wahrnehmbar machen, andererseits aber wissen wir längst aus der Psycholinguistik, dass Formen spontan gelernt werden können, sofern sie mit aktiv erworbenem Inhalt zusammengebracht – und nicht in sinnleeren oder nichtssagenden Übungen trainiert – werden. Einfacher gesagt: je mehr Wissen, desto einfacher der Spracherwerb. Und: *Sprache ohne Denken ist wertlos!*

Ganz anders sieht es heute mit dem Lesen aus. Traditionellerweise glaubt man, um lesen zu lernen, müssen die Kinder 'schulreif', das heisst sechs- bis siebenjährig sein. Dann wird ihnen mit mehr oder weniger formalen Methoden, anhand von inhaltlich weit unter ihrem geistigen Niveau stehenden Sätzen das Lesen beigebracht und das in einer für alle gleichen Zeitspanne. Die Erfahrung in der Früherziehung mit hörgeschädigten Kindern zeigt nun aber, dass wir den Kindern die Chance geben sollten, auch den semantischen Bezug zwischen den selbsterworbenen Inhalten und den geschriebenen Sprachformen zu finden und sie so das Lesen selbst entdecken zu lassen. Das gelingt jedem normalbegabten, nicht mehrfachbehinderten Kind. Allerdings gilt es dabei einige Kriterien zu beachten. In diesem Referat muss ich mich auf die vier wichtigsten beschränken:

1. Sobald wir mit dem *Tagebuch*, mit Fotos und Zeichnungen arbeiten (ab ca. zwei bis drei Jahren), kommt einfacher Text dazu, der sehr prägnant an die dargestellte Erfahrung gebunden ist.

2. Zeitlichen Druck gibt es nicht. *Jedem Kind wird seine eigene Entdeckungszeit gewährt.*

3. Kriterien wie 'richtig' und 'schön' gibt es im Vorschulalter nicht. Die Formen sind nur soweit wichtig, wie sie das Verständnis und die Übermittlung bestimmter Inhalte ermöglichen. Das Kind wird vorerst, genau wie beim Entdecken der gesprochenen Sprache, Formganze (Wörter, mehrteilige Ausdrücke), dann einzelne Formteile (Buchstaben, Buchstabenverbindungen) mit dem Inhalt, d. h. mit seinem Wissen, mittels Denken, Kombinieren, Abschätzen und Raten zusammenbringen. Jedes Kind ist an alltäglichen Problemstellungen interessiert und sucht laufend Wege, diese Probleme zu lösen. Wenn wir in der Früherziehung diese Haltung fördern – und dem Kind Lösungen nicht durch Erklären vorgeben –, wird sich diese auf das Entdecken des Lesens übertragen.

4. Wir arbeiten in erster Linie auf der Verständnisstufe, das heisst, die Therapeutin oder die Mutter liest und schreibt. Mit der Zeit möchte jedes Kind mittun. Nun wird gemeinsam, sich ergänzend, gelesen und geführt geschrieben. Bei diesem gemeinsamen Tun erfährt das Kind auch die formalen Probleme der Artikulation (beim Lesen), des Schreibens und der Rechtschreibung. Es ist immer wieder verwunderlich, wieviel die Kinder dabei *'en passant'* lernen und behalten. Wenn auch kurz formale Fertigkeiten geübt werden (Aussprache beim Lesen von Buchstabenkombinationen, Erfassen von Buchstabenformen), so in der Regel erst im Kindergartenalter und nur innerhalb der Verarbeitung eines Erlebnisses und nur Dinge, die das Kind bereits entdeckt hat und eigentlich schon kann.

Erfahrungen mit dieser Art *Frühlesen* (auch mit guthörenden, sprachgestörten Kindern) zeigen, dass damit technischem Lesen ohne Sinnentnahme vorgebeugt, eine später ausbrechende *Legasthenie* verhindert werden kann (die Symptome konnten in den Jahren vorher angegangen werden) und dass die Kinder sich zu besseren AufsatzschreiberInnen entwickeln.

Oft ist die Meinung zu hören, Frühleser seien zu Beginn in der 1. Klasse unterfordert, lernten darum nicht 'arbeiten' wie die anderen und werden so zu Aussenseitern und nach einem Jahr beständen punkto Lesen keine Unterschiede mehr in der Klasse.

Sprachliche Qualität und Quantität erwerben hörende Kinder zum kleinsten Teil in den Sprachstunden in der Schule, sondern zum grössten Teil in beiläufigen Gesprächen in allen Lektionen und rund um die Schulstunden. Gerade dabei ist das hörbehinderte Kind oft ausgeschlossen. Es bekommt selten alles mit. LehrerInnen, die ein hörgeschädigtes Kind in ihrer 1. Klasse haben, merken meistens sehr schnell, dass sie für dieses Kind kaum Zeit einsetzen müssen für leseformales Arbeiten, aber umso mehr für beiläufige Gespräche in der Klasse und für wortschatzaufbauende Texte.

Jede Lehrerin und jeder Lehrer möchte den Unterricht möglichst individuell auf die einzelnen Kinder ausgerichtet gestalten. Dabei kann es ja kein Ziel sein, nivellierte Leistungen zu erreichen. So schwierig die Arbeit mit einem Kind, das nur schwer lesen lernt, ist, so faszinierend ist die Förderung eines Frühlesers. Für beide gilt: Was da steht, muss interessant sein (MARGRIT STAMM, 1993).

Phonetische Störungen

Einzelne fehlende oder falsche Laute können etwa ab dem Kindergartenalter eingeübt/korrigiert werden. Ausschlaggebend für die Qualität der Inhaltsübermittlung ist hauptsächlich die Phonologie, das heisst der Ablauf und die gegenseitige Beeinflussung der Phoneme und beim Lesen das rhythmische Nacheinander der Silben (und nicht die Genauigkeit beim einzelnen Phonem). Wertvolle Hilfe leisten dabei das Singen, Tanzen und Melodicaspielen.

Hörbeeinträchtigung und Sprachstörung

Hörbehinderte Menschen haben nicht eigentlich eine Sprachstörung, sondern sind infolge des schlechten Gehörs auch sprachbehindert. So treffen wir in ausgeprägt sprachlichen Berufen nur selten hochgradig hörgeschädigte Personen. Gehäuft finden wir diese in mathematisch-technischen Bereichen oder in handwerklichen Berufen. Rechnerisches Können ist meistens sehr gefragt.

Weil sich beim hörgestörten Kleinkind die Sprachentwicklung nicht altersgemäss anbahnt, fokussiert die Früherziehung diese gerne zu einseitig. Vor lauter Sprache wird die Entwicklung der mathematischen Grundbegriffe ausser acht gelassen. Beim Rechnen haben wir zum einen das Zählen, was einem linearen Gehen vorwärts und rückwärts entspricht und zum anderen das Handeln mit Mengen im Alltag. Dabei geht es auch hier, entwicklungspsychologisch gesehen, primär um Inhaltsgewinnung. Wie bei der Sprachentwicklung liegt die Wurzel im Wahrnehmen und Explorieren der Realität, führt über das Verstehen, das Aufbauen von Vorstellungen und über den semantischen Bezug zu vorerst sprachlichen Begriffen. Damit das Kind lernt, mit mathematischen Zeichen umzugehen, muss es also zuerst konkret handeln, dann im Spiel die Probleme nachvollziehen und sie sprachlich formulieren lernen. Das heisst, dass wir in der Früherziehung des hörgeschädigten Kindes in die Alltagssituationen, die wir laufend zur Sprachförderung ausnützen, auch bewusst die rechnerische Komponente mit einbeziehen. Zu den Sprechlaut- und Schriftzeichen bieten wir ihm auch die mathematischen Zeichen an. Es ist interessant zu beobachten, dass dann z. B. der 'Zehnerübergang' kaum ein Problem darstellt.

Zeitliche Ablaufmuster

Optische Reize bleiben zum grössten Teil über eine bestimmte Zeit bestehen, sind simultan erfassbar (Gegenstände, Landschaft, Bilder, Texte usw.). Akustische Reize folgen sich immer *sukzessiv* (Verkehrslärm, Musik, Lautsprache usw.).

Das hörgeschädigte Kind ist wegen seiner Hörstörung weniger geübt in der Aufnahme, der Speicherung und dem Abrufen sukzessiver Muster. In der Früherziehung schenken wir daher den zeitlichen Strukturen grosse Beachtung. Zeitliche Ablaufmuster im Alltag erleben wir mit dem Kind bewusst mit und halten sie ausschnittweise im Tagebuch oder in Bildergeschichten fest. Das Kind lernt, dass es sich dabei nicht um eine Summe von Einzelschritten handelt, sondern um Gruppierungen nach inneren Regeln, um Inbeziehungsetzen in zeitlicher und kausaler Hinsicht. Erst sinnvolles Gruppieren ermöglicht Aufnahme, Speicherung und Abrufen längerer Sequenzen. Das gilt ebenso bei Alltagsproblemen wie beim Spielen, in der Sprache (Satzentwicklung, Sprechablauf, Lesen), im Rechnen und beim Melodicaspielen. Sprachliche Begriffe wie: vorher/nachher, zuerst/dann sowie die Ordnungszahlen oder heute/gestern/morgen usw. sind dabei besonders wichtig. Im Laufe der Zeit lernt das Kind auch einen ganzen Tag, eine Woche und den Ablauf der Jahreszeiten überblicken. Es entdeckt den Kalender und die Uhr.

Zusammenarbeit von Eltern und Therapeutin

Dass Eltern und Therapeutinnen in der Früherziehung eng zusammenarbeiten, ist selbstverständlich. Dass ein Elternteil in der Therapie immer – zum Teil aktiv – mitmacht, ist sinnvoll. Die Therapie gestalten wir so, dass das Kind auf der Explorier-, Hör- und Sprachebene Neues entdeckt. Lernen geschieht an der Leistungsgrenze. Es ist wichtig, dass Therapeutin und Eltern laufend besprechen, was eben das Wesentliche war. Es kann nicht darum gehen, dass die Eltern zuhause die Therapiestunde wiederholen oder Neues mit dem Kind auswendig und re-produzieren lernen. Vielmehr besteht das Wesentliche darin, jeweils das Prinzip dahinter, die inneren Regeln zu erfassen, diese dann in analoge familienspezifische Situationen zu übertragen und so in den Alltag zu integrieren.

Wenn wir also in der Therapiestunde zum Zvieri Erdbeeren waschen, rüsten und zerschneiden und eine Banane schälen und rädeln, dann geht es darum, dass das Kind entdeckt:

• Aha, es gibt Früchte, die man waschen, andere, die man nicht waschen muss! Warum ist das so?

• Rüsten bedeutet einmal Stiel und Blätter abzupfen, ein andermal schälen. Es bedeutet immer: alles Nichtessbare muss weg.

• Stücke abschneiden ergibt ganz verschieden geformte Teile.

In der Therapiestunde wird alles Neue sprachlich (mündlich und schriftlich) verarbeitet und zuhause bietet sich dann ein weites Feld zur Vertiefung und Erweiterung des Wissens an. Was dabei für das Kind prägnant ist, wird im Tagebuch festgehalten und – als Gesprächsgrundlage – der Therapeutin mitgebracht. Ich habe einen noch nicht zweijährigen Knaben erlebt, der, nachdem er die ersten Kirschen zu essen bekam, alle Früchte daraufhin untersuchen wollte, ob sie einen Stein enthielten oder nicht. Das war ein Unterfangen (Wie kommt man an einen eventuellen Stein heran?), das vielerlei Erfahrung und den entsprechenden Wortschatz mit sich brachte.

Therapie

Eine Zusammenfassung, worauf in der Therapie beim hörgerichteten Sprachaufbau zu achten ist:

Hören

Stimulieren des Restgehörs	Der 'tönende' Alltag (tönendes Spielzeug)
Fördern der Differenzierungsfähigkeit	Vergleichen von Geräuschen
Fördern des Decodierungsinteresses	Interesse an Geräusch- und Tonquellen, Verständnis

Sprach-Inhalt

Nach dem Grundsatz des selbstentdeckenden Lernens gestalten Familie und Lehrpersonen die Umgebung entsprechend auf allen Ebenen, damit ein möglichst normaler Input gewährleistet ist:

• Explorierebene

• Hörebene

• Sprachebene

Sprechen – Lesen und Schreiben

• Angebot der gesprochenen Sprache ab Geburt.

• Angebot der geschriebenen Sprache ca. ab 2 1/2 Jahren.

Beide Formen bedeuten dem Kind zu Beginn nichts. Es wird sie aber mit der Zeit mit seinem Erleben im Alltag zusammenbringen, d. h. deren Sinn entdecken. Daher arbeiten wir am Input und erhöhen bewusst, kreativ und individuell die Entdeckungschancen des Kindes und halten die Ereignisse mit Fotos, Zeichnungen und Text im Tagebuch fest. Ist das 'Depot' des Kindes mit semantischer Sprache gefüllt, 'überläuft' es. Das Kind wird nun so viel Sprache produzieren wie es kann, erst mündlich, später schriftlich. Bei diesen Produktionen helfen die Erwachsenen; sprechen, lesen und schreiben für das Kind das, was ihm noch fehlt. Wichtig ist vorerst einzig das Verstehen und Verständlichmachen von Gedanken und Gefühlen.

Anina kommt in die erste Klasse

Anina steht jetzt vor der Einschulung. Den Kindergarten hat sie am Wohnort besucht. Bis Ende des ersten Kindergartenjahres ist sie zweimal wöchentlich mit Mutter oder Vater zu mir in die Therapie gekommen. Im zweiten Kindergartenjahr hat die Logopädin am Wohnort eine Therapiestunde pro Woche übernommen. Ab Schuleintritt (Regelschule am Wohnort) wird sie Anina ganz betreuen.

Zum aktuellen Sprachstand von Anina ist zu sagen, dass sie sich in Qualität und Quantität des Wortschatzes, der Satzbildung und der Kommunikationsfähigkeit kaum von einem guthörenden Kind unterscheidet. Wenn sich bei der Aussprache eines Wortes ein Problem wegen Ähnlichkeit der Laute oder Lautabfolge ergibt, hilft Aufschreiben und Lesen sofort. Die Artikulation der Zisch-Laute musste logopädisch korrigiert werden. Für Anina ist es nun sehr wichtig,

43

• dass ihr in der Schule die 'beiläufige Sprache' in den kleinen und grossen Gesprächen und Diskussionen akustisch und inhaltlich zugänglich gemacht wird.

• dass ihr Interesse am Lesen gefördert wird und sie ihrer guten Lesefähigkeit entsprechende 'Aufgaben' erhält; dies im Bewusstsein, dass ein Mehr an Lesen das Weniger beim Hören – auch wichtig im Hinblick auf die höheren Schulstufen – ausgleichen hilft.

• dass die Lehrerin weiss, dass ein hörbehindertes Kind, weil es vielerlei beiläufige Signale nicht empfängt, oft blockierenden oder lähmenden Überrumpelungen ausgesetzt ist. Dem ist aber durch persönliche Vorbereitung auf Neues sehr einfach abzuhelfen. Das Prinzip, dass sich *Vorarbeit* (im Gegensatz zu *Nacharbeit*) positiv, d. h. aktivierend und interessesteigernd auswirkt, bewahrheitet sich im besonderen Mass beim hörbehinderten Kind.

Empathie-Förderung im Kindergarten

Beata Feldmann
Suzanne Grütter
René J. Müller

Hörgeschädigte Kinder zusammen mit guthörenden Kindern

Während in einzelnen Ländern die gemeinsame Beschulung behinderter Kinder zusammen mit nichtbehinderten Kindern als Normalfall praktiziert wird, ist in anderen Ländern die Diskussion um Vor- und Nachteile einer gemeinsamen Beschulung erst angelaufen. Die deutschsprachige Schweiz muss – was die gesetzlichen Grundlagen der Integrationsmöglichkeiten anbelangt – als ein Entwicklungsland bezeichnet werden. De facto verhält sich die Sache allerdings anders. Zumindest für einige Behinderungsarten gilt, dass die Wirklichkeit der Gesetzgebung um Jahre voraus ist. So werden beispielsweise bereits seit Ende der Fünfziger Jahre mehr und mehr hörgeschädigte Kinder mit grossem Erfolg integrativ unterrichtet.

Zielten in der Anfangsphase der integrativen Beschulung die Anstrengungen von Fachleuten und Eltern hauptsächlich darauf ab, das einzelne Kind optimal zu fördern und es dadurch an das vorgegebene Schulsystem anzupassen (LÖWE, 1987; MÜLLER, 1989), ist das Augenmerk seit den Achtziger Jahren vermehrt auf das *System Schule* selbst gerichtet, um dieses integrationsfähiger zu machen (ELMIGER, 1992; MÜLLER, 1994; SANDER, 1992; SCHÖLER, 1993). Das führte dazu, dass heute rund 90 Prozent der schwerhörigen Kinder mit einem mittleren Hörverlust[5] bis etwa 90 Dezibel auf dem besseren Ohr Kindergarten und Schule gemeinsam mit normalhörenden Kindern besuchen.

---

[5] Der *durchschnittliche* oder *mittlere Hörverlust* wird in der internationalen Praxis durch das arithmetische Mittel der Reintonaudiogrammwerte der Frequenzen 500 Hz, 1 kHz und 2 kHz auf dem besseren Ohr angegeben.

Neben dem Engagement von Fachleuten, Eltern, Therapeutinnen, Therapeuten, Kindergärtnerinnen, Lehrerinnen und Lehrern erwiesen sich weitere Faktoren als förderlich für diese Entwicklung. So flossen in die pädagogisch-therapeutischen Förderkonzepte neue Erkenntnisse aus Psychologie (AFFOLTER, 1987) und Linguistik (BRUNER, 1987) ein. Dank verbesserten Hörgeräten, intensiver Frühförderung und vermehrter Elternberatung erlangten hörgeschädigte Kinder zusehends höhere sprachliche Kompetenzen sowie ein stärkeres Selbstvertrauen und Selbstwertgefühl als in früheren Generationen. Diese Erfolge liessen den Druck auf die medizinische Früherkennung hörgeschädigter Kinder wachsen, womit erreicht wurde, dass die Hörgeräteanpassung und die Früherziehung in vielen Fällen schon im ersten Lebensjahr einsetzen können.

Gesellschaftliche und schulpolitische Veränderung führten vorübergehend ebenfalls zu günstigen Voraussetzungen für die gemeinsame Beschulung von nichtbehinderten und behinderten Kindern. Einen der wichtigsten Aspekte stellte dabei die kleinere Klassenfrequenz dar, waren dadurch doch zusehends mehr Lehrerinnen und Lehrer in der Lage, in ihrem Unterricht neue Wege zu beschreiten und ihre Kinder individueller zu fördern. Weiter setzte auch in den Seminarien ein Wandel in der Einstellung gegenüber behinderten Mitmenschen ein. In einzelnen Institutionen gehört das Thema Integration heute zum festen Lehrplan (z. B. Primarlehrer- und Primarlehrerinnenseminar Zürich Irchel). Nicht zuletzt darf auch die Breitenwirkung durch die erfolgreich praktizierte Integration nicht unterschätzt werden: Hörgeschädigte Kinder in Regelkindergärten und Regelklassen werden von ihren Mitschülern und Mitschülerinnen in erster Linie als normale und nicht als behinderte Kinder erlebt. Dadurch kann in der Gesellschaft ein langsamer Wandel im Verhalten gegenüber behinderten Mitmenschen einsetzen. Aus den Ergebnissen einer Untersuchung bei über 300 integrativ beschulten hörgeschädigten Mädchen und Jungen in Zürich (MÜLLER, 1994) lassen sich wesentliche Erkenntnisse ableiten:

• Die integrativ beschulten hörgeschädigten Mädchen und Jungen erbringen im Vergleich zu normalhörenden Kindern und Jugendlichen eine durchschnittliche bis gute schulische Leistung.

• Die Alltagsbelastung hörgeschädigter Kinder in Regelschulen und deren Bezugspersonen wird nicht als grösser als bei normalhörenden Kindern empfunden.

• Die psycho-soziale Situation integrativ beschulter hörgeschädigter Kinder unterscheidet sich nicht von jener normalhörender Kinder und Jugendlicher.

Die gegenwärtige Sparpolitik, die sich beispielsweise in erhöhten Klassenfrequenzen äussert und dadurch das schulische Ökosystem massiv beeinträchtigt, stellt die Integration – trotz ihrer eindeutigen Ergebnisse – zusehends in Frage. Gerade in dieser gesellschaftlichen Entwicklungsphase ist es wichtig, dass möglichst alle Kinder in einer Klasse um die speziellen Bedürfnisse ihrer behinderten Mitschülerinnen oder Mitschüler Bescheid wissen. Eine erfolgreiche Methode, dies zu erreichen, besteht darin, der Klasse zu helfen, sich in die erschwerte Situation Behinderter hineinzuversetzen. Nur, wie kann diese Fähigkeit, die *Empathie*, bei den Kindern gefördert werden?

Am Beispiel von Anina, einem hochgradig hörgeschädigten Mädchen, das zusammen mit 17 anderen Kindern einen Regelkindergarten in Bubikon (Kanton Zürich) besuchte, skizzieren Beata Feldmann, die Kindergärtnerin, und ich Möglichkeiten, wie durch eine wirksame Empathieförderung bereits im Vorschulalter erfahrbar gemacht werden kann, dass eine Hörbehinderung eine erschwerte Situation bedeutet. Vorerst wird jedoch Aninas Mutter die verschiedenen Stationen des langen Weges vom ersten Verdacht auf eine Hörschädigung bis hin zur nichtaussondernden Erziehung im Kindergarten schildern.

René J. Müller

Der Weg bis zur Einschulung

Anina ist das zweite von vier Kindern. Sie hat einen älteren und einen jüngeren Bruder und eine kleine Schwester. Anina erblickte das Licht der Welt einen Monat vor dem errechneten Geburtstermin. Wir waren überrascht über die frühzeitige Geburt, vor allem, weil es während der Schwangerschaft keine Anzeichen dafür gegeben hatte. Nachdem uns die Ärzte und Ärztinnen nach den ersten Untersuchungen guten Bericht geben konnten, freuten wir uns so richtig über das gesunde, neugeborene Mädchen. Nach fünf Tagen verliessen wir als stolze Eltern von zwei Kindern das Spital. Nach einigen Wochen fiel uns auf, wie verkrampft unser Baby war. Man konnte Anina kaum die Arme hochhalten, sie lag oft mit Hohlrücken im Wägeli und schaute nach hinten, als ob es dort etwas besonders Spannendes zu sehen gäbe. Der Kinderarzt riet uns zu einer *Bobath-Therapie* mit einer Kinderphysiotherapeutin. Wenige Wochen nachher, Anina war knapp fünf Monate alt, mutete es uns seltsam an, dass Anina so schlecht auf Töne reagierte. Von ihrem grösseren Bruder waren wir an andere Reaktionen gewohnt. War sie wohl introvertiert, ganz vertieft ins Spielen, oder hörte sie nicht gut? Mein Mann und ich waren beunruhigt und gingen mit unserem Baby wieder zum Kinderarzt. Er jedoch sah keinen Grund zur Beunruhigung. Da wir zu diesem Zeitpunkt einen Termin an der neurologischen Abteilung des Kinderspitals wegen Aninas Bewegungsstörungen hatten, packten wir die Gelegenheit beim Schopf und teilten unsere Bedenken dem Arzt mit. Er machte einige Hörübungen mit Anina, liess Glöcklein erklingen und fand am Schluss der Untersuchung, dass unsere Ängste völlig grundlos seien. Wie froh und befreit waren wir, als wir das Kinderspital verliessen.

Zwei Monate später holten uns unsere Ängste jedoch wieder ein. Wir experimentierten immer wieder mit Geräuschquellen und waren besorgt über die ausbleibende Reaktion unserer Tochter. Zu diesem Zeitpunkt wussten wir aber nicht, dass ein so kleines Kind genau auf das Gehör untersucht werden kann. So suchten wir über Monate immer wieder den Kinderarzt auf und liessen uns durch seine Aussagen beruhigen.

Anina war inzwischen 20 Monate alt, Zeit, eine Abschlussuntersuchung in der neurologischen Abteilung des Kinderspitals zu machen. Die Verkrampfungen hatten sich gelöst, Anina brauchte keine Therapie mehr. Einmal mehr nahmen wir unseren Mut zusammen und äusserten dem diensthabenden Arzt gegenüber unsere Bedenken über die Aussagen der Ärzte und Therapeuten in bezug auf das Gehör unserer Tochter. Der Arzt untersuchte Anina und meldete ebenfalls Bedenken an der Richtigkeit des vor über einem Jahr gefällten Entscheides an. Er meldete Anina sofort an der pädaudiologischen Abteilung des Kinderspitals an. Für uns folgten drei lange Wochen des Wartens, denn wir wussten, dass wir nun ein echtes und wahres Ergebnis erwarten durften. Unsere Tochter war absolut fasziniert von der Tonwelt, die ihr bei der Untersuchung via Kopfhörer eröffnet wurde. Geschlagene zweieinhalb Stunden folgte sie mit grossem Interesse den Anweisungen der Pädaudiologin. Und dann folgte für uns das niederschmetternde Resultat: hochgradig hörgeschädigt! Wie konnten wir so lange die Wahrheit, die wir ja eigentlich schon wussten, verdrängen? Warum liessen wir uns so lange von den Ärzten beruhigen? Die Ernüchterung und die Leere folgten. Der Schmerz und die Betroffenheit waren riesengross, wir brauchten Zeit, uns wieder zu fassen. Das Annehmen der Behinderung war der erste Schritt, den wir zu vollziehen versuchten. Wir orientierten Nachbarn, Freunde. Wir wollten nichts verheimlichen, suchten den Weg nach aussen.

Der zweite Schritt war, nach Möglichkeiten zu suchen, wie unsere Tochter gefördert werden könnte. Alles für uns Mögliche wollten wir für unsere Anina unternehmen, damit sie gut sprechen lernen konnte. Sie war ja beinahe zweijährig und sprach noch kein Wort! Einige Tage nach ihrem zweiten Geburtstag erhielt sie ihre ersten Hörgeräte. Sie genoss es sichtlich, dass ihr da eine neue Welt, die Welt der Töne, der Geräusche eröffnet wurde. Von Anfang an wollte sie die Hörgeräte den ganzen Tag tragen. Am Abend durften wir sie erst nach ihrem Einschlafen abnehmen. Was für ein Geschenk für uns, dass sie die Hörhilfen von Anfang an so gut akzeptierte!

Zur Früherziehung wurden wir einer Therapeutin im Kinderspital zugeteilt. Der Weg nach Zürich spielte für uns keine Rolle, wir waren ganz einfach froh, einen Therapieplatz für unsere Tochter gefunden zu haben. Die Trauer und den Schmerz über die Behinderung unseres Mädchens mussten wir erst einmal selber verdauen und verarbeiten, bevor wir Kontakt mit der Elternvereinigung und damit auch mit anderen schwerhörigen Kindern und Erwachsenen aufnehmen konnten.

So erfuhren wir nach und nach mehr über Förderungsmöglichkeiten und Therapieformen. Nach gut einem Jahr Früherziehung stoppten bei Anina die Fortschritte. Wir sahen, dass eine neue Therapieform, die eher ihrem Wesen angepasst war, gesucht werden musste. Nach Gesprächen mit andern Eltern schwerhöriger Kinder bewarben wir uns dann telefonisch und brieflich um einen von uns gewünschten Therapieplatz. Wir waren nicht mehr gewillt, noch mehr Zeit zu verlieren mit einer Therapie, die unserem Kind nicht die erhofften Fortschritte brachte. Wir waren gebrannt aus früheren Zeiten und trauten uns darum auch, um diesen Platz zu kämpfen.

Die neue Therapieform war mit einigem Zeitaufwand verbunden. Neben den zwei Fahrten und den Therapiestunden, bei denen der Vater oder die Mutter immer zugegen war, folgte nun auch ein konsequentes Aufarbeiten der Lektion zuhause. Die Energie und Kraft, die von uns gefordert wurde, lohnte sich. Wir sahen riesige Fortschritte in kurzer Zeit. Natürlich war ab und zu auch der Druck vorhanden, nicht zu genügen, zuwenig zu arbeiten. Wir wollten ja auch, dass Anina so richtig Kind sein durfte, eine unbeschwerte Kindheit erleben durfte. Solche Freiräume wollten wir ihr auch immer wieder geben. Wir arbeiteten meistens am Morgen, sodass ihr der Tag zum unbeschwerten Sein blieb. Ganz spontan ergaben sich dann aber immer wieder Situationen, ihr so im 'Nebenbei' etwas zu lehren, ohne dass es für sie 'Arbeit' war. Auf eine gute und reiche Sprache zu achten, war für uns bald einmal eine Selbstverständlichkeit. Zum Glück konnten wir anstehende Probleme auch immer mit der Therapeutin besprechen. So konnten gemeinsam Wege gefunden werden. Anina lernte in der Therapie fast immer an ihrer Leistungsgrenze, daheim wurde das Ganze in einer anderen Form aufgearbeitet. Der Sprung in den Kindergarten stand nun an. Der Sprach- und Leistungsstand von Anina war mittlerweile so hoch, dass wir sie ohne Bedenken in den Kindergarten schicken konnten. Wir wussten jedoch, dass eine gute Begleitung durch uns Eltern, die Therapeutin und den pädagogischen Berater wichtig war. Die Kindergärtnerin freute sich auf die neue Herausforderung und so war der Weg geebnet für eine gute, fruchtbare Kindergartenzeit. Anina war einerseits ein Kind wie alle anderen mit ihren Mustern, ihren Eigenheiten, ein fröhliches, willensstarkes Mädchen, andrerseits mussten aber auch die Voraussetzungen für sie geschaffen werden, damit sie dem Unterricht folgen konnte. Sie war mit einer FM-Anlage ständig verbunden mit der Kindergärtnerin, ein Spannteppich und eine gute Beleuchtung halfen ihr noch zusätzlich, dem Unterricht gut zu folgen.

Als einziges Kind mit Hörgeräten im Kindergarten, ja, als einziges Kind überhaupt im ganzen Dorf, das machte ihr manchmal schon Mühe. Sie wollte sein wie die anderen. Nachdem aber alle Kinder einmal wussten, wie nun die FM-Anlage funktionierte, alle sich bewusst waren, dass Anina Hörgeräte hatte, war der Wirbel um ihre Person nicht mehr so gross. Der Kontakt zur Kindergärtnerin war intensiv. Quartalsweise wurden wir Eltern in ein neues Thema eingeführt, bekamen das Liedmaterial und lernten die zum Thema gehörende Geschichte kennen. So hatten wir während des Quartals immer die Übersicht, ob Anina alles verstanden hatte. Regelmässige Kindergartenbesuche von mir oder meinem Mann bestätigten uns immer wieder, wie Anina gut integriert war. Und wenn ab und zu *Herr Müller von der pädagogisch-psychologischen Beratungsstelle* im Kindergarten vorbeikam, eine Lektion hielt und mit den Kindern spielte, fand Anina es sogar ganz toll, für ein Mal im Mittelpunkt zu stehen.

Nach anderthalb unbeschwerten Kindergartenjahren war es soweit, die Fühler nach der Schule auszustrecken. Wir wussten, dass es wichtig war, unsere Anliegen frühzeitig bei der Schulpflege zu deponieren. Unser Wunsch war es ja, eine geeignete Lehrkraft für Anina zu finden, eine kleine Klasse und allenfalls Änderungen im Schulzimmer vornehmen zu können. Ein erster Brief von der pädagogischen Beratungsstelle ging an den Schulpräsidenten. Gespräche folgten, und schon bald einmal stellte sich heraus, dass Anina im Sommer 1993 eine kleine Regelklasse besuchen konnte. Bei der Auswahl der neuen Lehrerin wurde ausdrücklich auf unser Kind hingewiesen.

So schauen wir jetzt dank dem Einsatz und der grossen Hilfe des pädagogischen Beraters, der Therapeutinnen, der Kindergärtnerin und der Schulpflege gelassen dem Kommenden entgegen. Der Einsatz aller beteiligter Personen und die weitsichtige Planung haben sich ganz sicher gelohnt!

Suzanne Grütter-Haerle, Mutter

Anina soll den regulären Kindergarten besuchen

Wie alles für mich begann

Mir war bewusst, dass im Quartier, in dem ich als Kindergärtnerin arbeitete, ein hörbehindertes Mädchen wohnte. Anina. Ihr um zwei Jahre älterer Bruder besuchte schon den Kindergarten bei mir. In dieser Zeit wuchs eine freundschaftliche Beziehung zu den Eltern.

Bis zum Zeitpunkt, in dem ich angefragt wurde, ob ich bereit sei, Anina in den Kindergarten aufzunehmen, machte ich mir keine Gedanken darüber, was das für alle Beteiligten bedeuten würde. Ich fand es nichts Besonderes, ein am Körper behindertes Kind in meiner Klasse zu haben. Denn, was dem einen Kind am Körper mangelt, kann einem anderen an einer geistigen oder seelischen Qualität fehlen ... Der Unterschied ist lediglich, dass ein physisches Gebrechen einfach messbar ist. So gab ich ohne grosse Bedenken meine Zusage.

Vorbereitungen für den Kindergarteneintritt

Etwa ein halbes Jahr vor Aninas Eintritt in den Kindergarten durfte ich eine Therapiestunde bei der Audiopädagogin, Heidi Heldstab, miterleben. Das Mädchen wurde derart konzentriert unterrichtet, dass ich nur so staunte. Nicht nur alle Sinne wurden beansprucht, auch mit Zahlen, Buchstaben, Musiknoten und der Schriftsprache wurde Anina bekanntgemacht. Lesen, Schreiben, Musizieren wurde spielerisch erprobt. Ich erfuhr dann, dass dies wichtig sei für ein hörgeschädigtes Kind. Es soll gegenüber den gut hörenden Kindern einen Vorsprung haben, um in der Klasse schneller und einfacher den Anschluss zu finden. Sie wird im Begreifen des schulischen Stoffes besser mitkommen, wenn sie nicht allein auf ihr Gehör angewiesen ist. Was in einer Gruppe so nebenbei gesprochen und auch gelernt wird, kann Anina nicht einfach verstehen. Sie muss also jedesmal aufmerksam hinhören, wenn sie den Inhalt eines Gespräches erfassen will. Unwillkürlich hatte ich begriffen, dass ich selber zur Lernenden wurde. Ich musste noch einiges erfahren, um Anina im Unterrichten auch gerecht werden zu können.

Kurze Zeit später empfing ich im Kindergarten Aninas Eltern, Therapeuten und eine Schulpflegerin zu einer Besprechung. Der Audiopädagoge, Christian Heldstab, brachte Unterlagen mit, aus denen ersichtlich war, dass Anina hochgradig schwerhörig ist. Er zeigte uns auf dem Audiogramm, dass Anina trotz der optimalen Anpassung der Hörgeräte niemals so gut hören wird wie normalhörende Menschen. Damit ihr das Verstehen möglichst erleichtert werde, sollte die Akustik im Raum gut sein. Auch sollte der Lärmpegel niedrig gehalten werden, da sie bei einem Stimmenwirrwarr und allerlei Nebengeräuschen kaum etwas verstehen kann.

Die äusseren Massnahmen waren nun, im Kindergarten einen Teppich zu legen, der die hallenden Geräusche schluckte, und auf eine gute Beleuchtung zu achten. Ich wurde instruiert, wo ich im Raum vorteilhaft meinen Platz zum Unterrichten einnehmen konnte, damit Anina mein Gesicht gut sehen konnte, wenn ich eine Geschichte erzählte. All diese Veränderungen waren für die ganze Klasse von Vorteil. Das Sich-Wohlfühlen in einem Raum, der hell und heimelig ist und in dem eine ruhige Atmosphäre herrscht, überträgt sich ebenso auf alle Anwesenden. Auf einem Teppich werden viele unangenehme Geräusche einfach geschluckt. Herunterfallende Spielsachen, Möbel, die verschoben werden und zappelige Kinder stören nicht mehr so stark. Weil Anina auch von den Lippen abliest, sollte ich während den Lektionen die Kinder jeweils mit ihrem Namen aufrufen, damit Anina sofort zum sprechenden Kind hinsehen kann, um es so einfacher zu verstehen. Mit den Eltern vereinbarte ich, sie jeweils über den Stoff, den ich im Kindergarten behandeln wollte, im voraus zu informieren. Anina sollte die Möglichkeit bekommen, verpasstes Wissen zu Hause nachholen zu können oder Lieder bereits im voraus daheim gehört und gesungen zu haben, um besser mitmachen zu können. Weiter vernahm ich, dass es für Anina nötig sein würde, während des Unterrichtes eine FM-Anlage[6] zu tragen. Über die FM-Anlage mit mir, der Kindergärtnerin, verbunden, hört Anina meine Stimme speziell gut heraus, auch wenn ich einige Meter von ihr im Raum Anweisungen gebe. Ich würde also ein kleines Mikrophon anstecken müssen, während Anina ihr Gegenstück an ihre Hörgeräte anschliesst.

Nach all diesen wichtigen Informationen meldeten sich bei mir doch einige Bedenken: würde ich Anina sprachlich genügend aufmerksam unterrichten? Würde sie sich in der Gruppe von Kindern durchsetzen können und sich melden, wenn sie etwas nicht verstanden hatte oder würde sie einfach verstummen und sich in sich zurückziehen? Würde ich es schaffen, allen Kindern meine Aufmerksamkeit zu schenken, oder würde Anina Anlass zu Eifersüchteleien geben? ...

Zum Glück zeigte sich die Schulpflege bereit, auf die beantragten Massnahmen einzutreten. Es wurde bewilligt, im Kindergarten einen Teppich zu verlegen und auch, dass die Kinderzahl in meiner Klasse auf 16 beschränkt wurde. Diese Unterstützung seitens der Schulbehörde sowie das Wissen, dass ich mich bei auftretenden Problemen jederzeit an Aninas Therapeutin oder an den pädagogischen Berater wenden konnte und die herzliche Beziehung zu Aninas Eltern ermutigten mich. Ich schlug meine Unzulänglichkeitsgefühle wieder in den Wind. Zuversichtlich begann ich das neue Kindergartenjahr mit 16 munteren Kindern, unterteilt in zwei Altersgruppen. Zu meinem grossen Erstaunen stellte Anina trotz ihres Hörverlustes sofort fest, dass ich – anders als sie – in meinem Dialekt (aus dem Kanton Glarus) 'Fingge' anstatt 'Finke' sage ...

Meine Aufgabe als Kindergärtnerin

Eingebettet in das Team von pädagogischem Berater, Audiopädagogin und Aninas Eltern begann ich, nach meiner Aufgabe zu fragen: Welchen Bereich in Aninas Entwicklung kann ich durch meine Tätigkeit als Kindergärtnerin besonders fördern? Ich begann, meine Aufmerksamkeit auf die Gruppenentwicklung zu richten. Jedes Kind in der Gruppe hat seine speziellen Qualitäten, welche schon zur Geltung kommen oder noch in ihm schlummern. Mein

---

6   Eine 'FM-Anlage' oder 'Mikroport-Anlage' ist eine Sende- bzw. Empfangsanlage von der Lehrerin bzw. vom Lehrer zum hörgeschädigten Kind. Die Lehrerin spricht in ein Mikrophon; die Stimme wird über UKW zum Empfangsteil des Kindes gesendet und von dort über ein Kabel direkt ins Hörgerät hinter dem Ohr geleitet.

Anliegen wurde es, Anina mit ihrer Besonderheit wie jedes andere Kind in die Gruppe einzugliedern. Sich in der Klasse behaupten und durchsetzen zu können, sind ebenso wichtige soziale Leistungen, wie sich in einen anderen Menschen einfühlen zu können, sich selbst und den nächsten anzunehmen. Aninas Bewusstsein sollte dahingehend gefördert werden, sich als eben dieses einzigartige Kind unter den andern einzigartigen Kindern wahrzunehmen. Das heisst in ihrem Fall, ihre Hörbehinderung mehr und mehr anzunehmen, aber daran nicht den Wert des eigenen Lebens zu beurteilen. Andererseits sollten sich die anderen Kinder in die speziellen Lebensbedingungen von Anina einfühlen lernen und sie durch das tiefere Verständnis ebenso wie jedes andere Kind in der Gruppe annehmen.

Lektionen zur Empathieförderung

Mit Freuden empfing meine Kindergartengruppe jeweils den pädagogischen Berater, wenn er zu uns auf Besuch kam. René Müller hatte die Herzen der Kinder schnell erobert. Das gute Verhältnis, das sich im ersten Jahr, in dem er Anina im Kindergarten betreute, zwischen uns aufbaute, motivierte uns, gemeinsam eine Reihe von Lektionen zur Empathieförderung zu entwerfen und im Kindergarten durchzuführen. Damit die Lektionen erfolgreich sein konnten, war es für uns unerlässlich, neben den Kontakten zu den Eltern, der Audiopädagogin und der Logopädin, zuerst ein tragfähiges Beziehungsgeflecht zwischen uns und den Kindern aufzubauen. Als hervorragender Einstieg hat sich ein Besuch in der Klasse mit Renés zottigem Hirtenhund, einem Briard, erwiesen (DRAVE 1990, S. 80 ff.). Dieser Hund war so gutmütig und gut erzogen, dass mit ihm bedenkenlos fast alles angestellt werden konnte, was man sich nur vorstellen kann: Er liess sich am Bauch kraulen und zwischen dem mächtigen Gebiss in den Rachen schauen. Da die meisten Kinder wissen, dass ein Hund mit seiner Nase viel besser riecht und mit seinen Ohren viel besser hört als wir Menschen, konnte so eine gute Brücke gebaut werden. So wurde es nachvollziehbar, dass auch nicht alle Menschen gleich gut hören oder sehen. Dabei stand nicht die hörgeschädigte Anina im Mittelpunkt, sondern es ging hauptsächlich um die Omas und Opas, deren Hör- und Sehvermögen beeinträchtigt war. Erst dann gingen wir kurz auf Aninas Hörproblem ein. Die Kinder durften mit einem Hörgerät hören und erfahren, dass die Höreindrücke anders sind, als wir es uns gewöhnt sind. Das war schon genug für den ersten Morgen. Anschliessend begaben wir uns mit dem Hund auf einen Spaziergang. Erst nach weiteren Besuchen in der Klasse setzten wir mit den eigentlichen *Empathie-Förderungs-Lektionen,* von denen nachstehend fünf exemplarisch beschrieben sind, ein.

Die Lektionen sollen dazu anregen, im pädagogischen Alltag nach Möglichkeiten und Situationen zu suchen, in denen Höraspekte bewusst in das Unter-

richtsgeschehen eingebaut werden können. In ähnlicher Form kann Empathie-
förderung auch in Unterstufenklassen durchgeführt werden. Die Empathie-
Aspekte passten wir dem jeweils aktuellen Thema im Kindergarten an. Daraus
entstand die folgende Lektionsreihe:

Lektion 1:   *Hören und zuhören*

Lektion 2:   *Töne produzieren und Töne erkennen*

Lektion 3:   *Hören mit einem Hörgerät*

Lektion 4:   *Wie das Gehör funktioniert*

Lektion 5:   *Umsetzen von Musik in Bewegung*

Hören und zuhören (Lektion 1)

*"Wenn ich nicht mit den Augen sehe, hören meine Ohren aufmerksamer und
meine Hände erkennen besser."*

Absicht/Hinweise

Wir können sozu-
sagen auf Distanz
erkennen, dass wir
nicht alle gleich gut
hören.

Das Gehör trainieren.
Damit das hörgeschä-
digte Kind wie die
normal hörenden
Kinder bei dieser
Übung mitmachen
kann, und auch nicht
blossgestellt wird,
gehen jeweils *zwei*
Kinder vor die Türe.[7]

Lektionsablauf

Die Kinder sitzen auf ihren Stühlen im Kreis. Ein Kind schliesst
die Augen. Ein zweites Kind trägt ein leise klingelndes Glöcklein,
entfernt sich damit, sogar zur Türe hinaus, bis das erste Kind das
Glöcklein nicht mehr hören kann. Dieses öffnet die Augen und
ruft: "Chumm zrugg!"

Zwei Diener[8] stehen solange vor der Türe, bis sie hören, dass der
König sie einzutreten bittet, indem er sagt: "Halli-hallo, Diener,
chasch inecho!" Er spricht dabei jedesmal ein wenig lauter, bis ihn
die Diener hören und hereinkommen.

---

[7]   Es hat sich gezeigt, dass es auch für manches guthörende Kind eine Beruhigung ist, wenn
es nicht alleine entscheiden muss, ob da nun wirklich gerufen wurde ...

[8]   Das zu dieser Zeit aktuelle Hintergrundthema war ein Bilderbuch zum Thema Leben im
Schloss: 'Ein Brüderchen für Josefine' von WAGENER & SACRÉ.

Absicht/Hinweise

Die Kinder stellen fest, dass jeder Mensch eine eigene Stimme hat, an der man ihn erkennen kann, mit der Zeit auch, wenn sie verstellt wird.

Lektionsablauf

Die Prinzessin spielt besonders gern im Schlosspark. Sie kennt dort alle Vögel. Eine Prinzessin wird ausgewählt, die bei mir einschaut. Ein anderes Kind geht hinter der Prinzessin hin und her. Es ist ein Vogel und spricht: "Pi, pi, pi, wer bin ich?" Die Prinzessin darf dreimal versuchen, den Vogel zu erkennen: "Du bist der Thomas – Vogel!"

Abb. 1: Pipi-pi – wer bin ich?

Absicht/Hinweise
Bei dieser Übung kann ein Kind, das hörbehindert ist, gegenüber normalhörenden Kindern sogar einen Vorteil haben. Wenn ein Kind das gesuchte übergeht, ermutigen wir es ein wenig später, in entgegengesetzter Richtung weiterzusuchen.

Lektionsablauf
Die Diener suchen die Prinzessin im Schlossgarten. Die Kinder zählen verschiedene Möglichkeiten auf, wie sie die Prinzessin finden könnten: Gut schauen oder hören, rufen ... Wir versuchen, ein Kind nur durch Ertasten mit den Händen zu erkennen. Das suchende Kind wählt aus der Gruppe selbst eine Prinzessin aus, von der es glaubt, dass es sie alleine durch Tasten wiedererkennen wird. Während dem suchenden Kind die Augen verbunden werden, wechseln die Kinder im Stuhlkreis ihre Plätze. Nun tastet das Kind mit den verbundenen Augen von Beginn der Stuhlreihe ein Kind nach dem anderen ab, bis es seine Prinzessin erkennt.

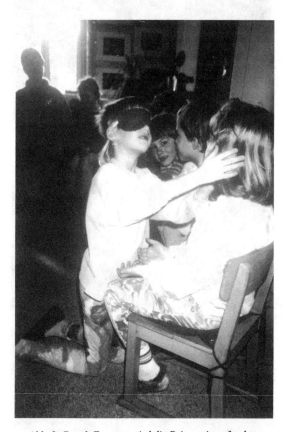

Abb. 2: Durch Ertasten wird die Prinzessin gefunden

Absicht/Hinweise

Lektionsablauf

Die Kommunikation zwischen den Kindern wird aktiviert, die Zusammenarbeit gefördert und Eigenverantwortung gestärkt. (Habe ich verstanden, was mir gesagt wurde?)

Das Abstraktionsvermögen wird im zweiten Teil der Aufgabe gesteigert.

Begriffsbildung: Die Prinzessin muss nach Hause. Warum wohl? Die Kinder suchen nach Gründen. Ich lege verschiedene Gegenstände in die Mitte, um den Kindern auf die Spur zu helfen: z. B. Löffel: Die Prinzessin muss zum Essen gehen. Seife: Die Prinzessin muss ins Bett gehen.

Abstraktionsvermögen: Immer zwei Kinder, die nebeneinander sitzen, suchen sich zusammen einen Platz am Boden, von dem aus sie mich gut sehen können. Ein Kind setzt sich zwischen die Beine des anderen, das ihm mit beiden Händen die Augen verdeckt. Jetzt hält die Kindergärtnerin einen Gegenstand hoch, und das sehende Kind flüstert dem anderen ins Ohr, welcher Gegenstand zu sehen ist. Das vordere Kind wiederholt, was es verstanden hat und kontrolliert dann mit offenen Augen, ob es richtig verstanden hat. Danach wird nur noch die Bedeutung des Gegenstandes geflüstert; das Kind nennt nun das Symbol.

Abb. 3: Ins Ohr flüstern, was die Kindergärtnerin zeigt

Absicht/Hinweise

Lektionsablauf

Die Kinder hören nicht nur, dass sie an der Reihe sind, sie erspüren auch, wenn ihr Stuhlnachbar weggeht.

Alle sitzen wieder auf ihren Stühlen. Im Schloss ertönt der Gong als Zeichen dafür, dass es Zeit zum Essen ist. Alle Kinder schliessen die Augen. Die Kindergärtnerin schlägt auf den Gong. Das erste Kind der Stuhlreihe öffnet die Augen und holt sich seinen Znüni. Beim nächsten Gongschlag geht das nächste Kind usw.

Abb. 4: Gemeinsames Znüni – alle an einem Tisch

Überlegungen zur Lektionsgestaltung

In unserer Zusammenarbeit waren wir bestrebt, einerseits das Bewusstsein der Kinder für das Hören an sich gezielt zu heben, andererseits die dafür geeigneten Übungen möglichst unspektakulär im für die Kinder gewohnten Rahmen durchzuführen. Da wir uns zu dieser Zeit mit dem Leben am Königshof beschäftigten, hüllte ich die Übungsvorschläge in die Kulisse eines Schlosses.

Während der Lektion sass René mit den Kindern im Kreis. So war er zum Teil auch aktiver Übungsleiter und diskreter Fotograf. Aninas Mutter und RAHEL LICHTENSTEIGER, die Logopädin, die bei der Planung der Lektionsfolge mitgewirkt hatten, sassen beobachtend im Hintergrund. Auch sie waren für die Kinder begehrte Gesprächs- und Spielpartner.

Töne produzieren und Töne erkennen (Lektion 2)

*"Ich kann verschiedene Töne und Geräusche erzeugen,
sie zuordnen und unterscheiden."*

Absicht/Hinweise

Lektionsablauf

Unterschiedliche Klangfarben im Raum kennenlernen; einzelne Klangfarben bewusster wahrnehmen.

Wir begrüssen einander im Kreis stehend, indem wir klatschen und dazu rhythmisch sprechen: "Grüezi mitenand!" Jedes Kind geht in den Raum hinaus. Miteinander rufen wir uns das "Grüezi mitenand!" zu, indem jedes Kind dazu rhythmisch auf einen Gegenstand, ein Möbelstück, an die Wand usw. klopft. Dann wird ein neuer Ort zum Klopfen gesucht. Wer alleine zu allen die Begrüssung sprechen und klopfen will, bleibt am Ort, die anderen setzen sich an den Platz. Wer seinen Grüezi-Rhythmus geschlagen hat, setzt sich wieder hin.

Bekannte – mit dem Körper erzeugte – Geräusche wiedererkennen und richtig benennen.

Wir singen das Lieblingslied von Prinzessin Josefine: "If You're Happy"[9], das wir gut kennen. Zu jeder Strophe gehört das passende Körpergeräusch (z. B. mit den Fingern schnippen, mit der Zunge schnalzen, mit den Händen klatschen etc.). Bevor wir eine Strophe singen, schliessen wir die Augen. Ein bestimmtes Kind macht ein Geräusch, das wir nun im Lied richtig besingen.

Abb. 5: Nachahmen von Bewegungen, die Geräusche erzeugen

---

9   Sing mit uns, Unicef, 1982, Zürich.

Absicht/Hinweise	*Lektionsablauf*
Bekannte Geräusche im Raum wiedererkennen. Für diese Übung ist absolute Ruhe erforderlich. Damit es für alle Kinder spannend wird, können auch die Kinder am Platz ihre Augen schliessen.	Der Prinz ist noch klein. Er muss früher als die Prinzessin ins Bett gehen. Er liegt in seiner Wiege und hört den Geräuschen im Schloss zu. Ein Kind legt sich als kleiner Prinz (das Brüderchen von Josefine) auf die Wolldecke am Boden und schliesst die Augen. Es versucht herauszufinden, was für ein Geräusch ich im Raum mache, beispielsweise das Licht aus- und anknipsen, die Türe öffnen, den Schlüssel drehen usw.
Sich selber bewusster wahrnehmen und berühren lernen, so wie es einem Spass macht.	Der Prinz kann einfach nicht einschlafen. So beginnt er an sich selber Musik zu machen und Töne zu finden. Jedes Kind sucht sich einen Platz am Boden und probiert, auf dem Rücken liegend, an sich Töne und Geräusche aus (Beispiel: Mit den Händen auf die weichen Wangen patschen, Mund auf- und zuklappen, stossend Luft durch die Nase atmen). Mit der Zeit unterbreche ich, damit alle nur einem Kind, das weitermacht, zuhören und es dann eine Zeitlang nachahmen.
Töne als Schwingungen an sich selbst wahrnehmen.	Die Königin hört den Prinzen spielen, kommt in sein Zimmer und singt ihm ein Wiegenlied vor.[10] Wir singen das Lied gemeinsam. Die Kinder legen dabei ihre Hände auf den Bauch und auf die Brust, um die Singtöne auch durch die Vibration am Körper wahrzunehmen. Auf leisen Sohlen gehen die Kinder nun zum Platz zurück.
Erfahren, dass ich am gleichen Gegenstand durch die Art, wie ich ihn anschlage, laute oder leise Töne erzeugen kann.	Prinzessin Josefine spielt vor dem Zubettgehen noch in ihrem Zimmer. Sie macht Musik mit einem Holzstäblein, das sie an verschiedenen Möbeln und Dingen einmal laut, einmal leise anschlägt. Nachdem die Kinder mit ihrem Stäbchen ausprobiert haben, gibt die Kindergärtnerin das Signal, ob laut oder leise angeschlagen wird: Steht sie, wird laut, sitzt sie, wird leise gespielt.

---

[10] 'Stille, stille' von LANDIS, JULIE: Lieder aus der Kinderzeit, AT Verlag, Aarau, 1983.

Abb. 6: Mit einem Holzstab werden an verschiedenen Gegenständen unterschiedliche Töne erzeugt. Unterschiedliches Material erzeugt unterschiedlichen Klang.

Absicht/Hinweise	*Lektionsablauf*
Hohe, mittlere und tiefe Töne singen lernen, sie unterscheiden und gemeinsam erklingen lassen. Konzentration üben.	König und Königin kommen ins Zimmer und singen mit Josefine das Lied 'Mi, Ma, Mu'. Josefine singt hoch, auf dem Stuhl stehend: 'Mi'. Die Königin singt in mittlerer Tonlage auf dem Stuhl sitzend: 'Ma'. Der König steht und singt tief: 'Mu'. Jedes Kind sucht sich eine der drei Rollen aus und geht in die entsprechende Position. Zuerst singen die drei Stimmen getrennt. Dann zeigt die Kindergärtnerin mit den Händen (unten, Mitte, oben), welche Stimme gerade singen soll.
Die Kinder lieben es, kreuz und quer übereinander zu liegen. Sie werden so miteinander vertraut. Sie entspannen sich schnell nach dem anstrengenden Singen von vorhin.	Jetzt ist auch für Josefine die Zeit zum Schlafen gekommen. König und Königin singen mit ihr das Schlaflied.[11] Die Kinder, die nebeneinander sitzen, legen ihren Kopf auf die Knie bzw. auf den Rücken des Nachbarn. So singen wir gemeinsam das Lied, am Körper des anderen lauschend und ohne Anstrengung.

---

11 Abendlied: BÄCHLI, GERDA: Der Tausenfüssler, Ed. Pelikan, Zürich, 1977.

61

Abb. 7: Kreuz und quer übereinander liegen während des Singens

Absicht/Hinweise	*Lektionsablauf*
Sanftes Lösen und ruhiges Überleiten zur Znünipause.	Ich blase jedem der nun 'schlafenden' Kinder fein durchs Haar. So löst sich eines nach dem anderen aus der Gruppe und holt sich sein Znünibrot.

Überlegungen zur Lektion

Die Kinder haben inzwischen die Geschichte von Prinzessin Josefine vollständig kennengelernt. Die folgende Lektion ist eingebettet in das familiäre Schlossleben zu dem Prinzessin Josefine, der neugeborene Prinz sowie der König und die Königin gehören.

Hören mit einem Hörgerät (Lektion 3)

"Ein Hörgerät verändert meine Wahrnehmung.
Trotzdem kann ich damit verstehen, was gesagt wird."

Absicht/Hinweise

Lektionsablauf

Die Kinder hören mit zugehaltenen Ohren anders, können aber trotzdem verstehen.

Die Kinder am Platz halten ihre Hände auf die Ohren. Ein Kind geht in die Mitte und spricht dort, ohne das betreffende Kind anzuschauen: "Guete Tag, Daniela!" Wer aufgerufen wird, geht nun in die Mitte, usw.

Sich vermehrt in die Schwerhörigkeit von Anina einfühlen können. Hören mit dem Hörgerät.

René sitzt mit uns im Kreis und erklärt den Kindern, wie ein Hörgerät funktioniert. Er zeigt, wie man es trägt und wie man die Lautstärke regulieren kann. Jedes Kind darf heute einmal durch dieses sonderbare Gerät, wie es Anina immer trägt, hören.

Abb. 8: Wie spannend ein Hörgerät doch sein kann

Absicht/Hinweise	*Lektionsablauf*
Die Kinder erfahren, dass man mit dem Hörgerät ausser der Stimme der Kindergärtnerin auch andere Stimmen und Geräusche hört.	Die Kindergärtnerin erzählt den Kindern nochmals die Geschichte von Prinzessin Josefine, die sie gut kennen und die sie ganz besonders gern haben. Dabei trägt ein Kind das Hörgerät. Es hört damit solange zu, bis die Geschichte falsch weitererzählt wird. Wer den Fehler bemerkt, stellt sich sofort auf seinen Stuhl. Ein Kind erzählt nun, wie es richtig hätte erzählt werden müssen. Das Hörgerät wird dem nächsten Kind weitergegeben.

Abb. 9: Jeder darf einmal mit dem Hörgerät hören

Überlegungen zur Lektion

Inzwischen befassten wir uns im Kindergarten mit einem neuen Stoff. Mit dem Besuch von René, der Logopädin und Aninas Mutter war jedoch sofort die Brücke zu der Geschichte von Prinzessin Josefine geschlagen. Da René heute ein Hörgerät zum Ausprobieren mitbrachte, ging es nun vermehrt um das veränderte Wahrnehmen und den technischen Aspekt, wie ein Hilfsmittel zum besser Hören funktioniert. Das Einfühlen in die Situation von Anina war zentral, und daher gestalteten wir die Lektionen von nun an losgelöster von unserem alltäglichen Kindergartengeschehen.

Beata Feldmann

Wie das Gehör funktioniert (Lektion 4)

"Im Ohr muss so vieles richtig arbeiten, damit ich höre."

Überlegungen zur Lektion

Ziel in dieser Lektion war, den Hörvorgang für die Kinder auf anschauliche Weise sichtbar, erlebbar und nachvollziehbar zu machen. Dies sollte durch eine Art 'Reise' entlang der Schalleitungskette von der Ohrmuschel bis hinein ins Gehirn erreicht werden. Dieses anspruchsvolle Vorhaben wurde durch die Elemente der vorangegangenen Empathie-Förder-Lektionen in den Grundzügen vorbereitet. Insbesondere leistete ein grosses Kunststoffohr (Abb. 10), das die Kinder zwei Wochen früher mit Begeisterung zerlegen und wieder zusammensetzen durften, einen guten Dienst.

Abb. 10: Die Kinder untersuchen das Kunststoff-Ohr ganz genau.

Damit die Kinder in gewohnter Weise in die Geborgenheit des Kindergartens eintauchen konnten, lag das Begrüssungsritual auch diesmal in Beatas Händen. Ich selbst schlüpfte in dieser Phase in die Rolle eines Kindergärtners. Durch einfache Vorübungen, die den Kindern Spass machten, führte Beata immer näher ans Thema heran: Ein 'Telefon-Spiel' sensibilisierte uns auf die Wichtigkeit eines zuverlässigen Zusammenarbeitens der einzelnen Kinder. Bei der

65

ersten Spielvariante versuchten wir einen Impuls mittels Händedruck zu einem bestimmten Mädchen oder Jungen zu senden. Nachdem das klappte, sandten wir verbale Botschaften durch den Kreis. Hier stellte es sich heraus, dass eine Meldung zwar bei der richtigen Person ankommen kann, jedoch nach dem unterschiedlichen Aufmerksamkeitsmass, der vorhandenen Störgeräusche, des individuellen Hörvermögens oder einer undeutlichen Aussprache der einzelnen Übermittler und Übermittlerinnen vielleicht verändert wird. Bei beiden Spielen wurde klar, dass die Botschaft (das Signal oder der Impuls) nur dann richtig am richtigen Ort – beim richtigen Kind – ankommen kann, wenn sämtliche Zwischenstationen zuverlässig arbeiten.

Reisevorbereitungen

Dank den vorausgegangenen Lektionen war es für mich nun einfach, zum Hörvorgang überzuleiten. Die Kinder wussten, dass die uns umgebenden Schallwellen durchs Ohr in uns hineinkommen. Auf einem grossen Halbkarton (Format A2) zeichnete ich die einzelnen Stationen der Schalleitungskette auf. In dieser Skizze, die noch wesentlich einfacher als die untenstehende (Abb. 11) war, konnten die Kinder mit den Fingern den Weg der Schallwellen Punkt für Punkt bis zum Gehirn nachvollziehen.

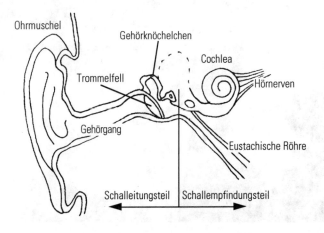

Abb. 11: das menschliche Hörorgan (LIENHARD, 1992)

Die Vorstellung, dass die Kinder nun selbst einzelne Elemente der Schalleitungskette darstellen sollten, faszinierte alle sehr. Nur, wie sollten wir das bewerkstelligen? Gespannt hörten die Kinder zu, als wir ihnen unsere Ideen darlegten. Alle Kinder sollten in die Reise zum Gehirn – den gespielten Hörprozess – miteinbezogen werden. Das bedeutete, dass jedes Kind eine klar definierte Aufgabe übernehmen durfte. Da unser 'Ohr' viel Platz beanspruchte, wählten wir den Boden als Aktionsraum. Der Gehörgang wurde durch zwei einander zugekehrte Stuhlreihen (1) gebildet, auf denen Kinder mit je verschiedenen Musikinstrumenten sassen. Trommelfell (2) und ovales Fenster (3) wurden je durch ein umgekipptes Tischchen dargestellt und schlossen das Mittelohr ein, in dem drei Kinder (10, 11, 12) lagen und sich mit den Händen an den Knöcheln fassten und so Hörknöchelchen spielten. Die Hörschnecke (Cochlea), bzw. die Härchen darin, bildeten wiederum auf dem Boden liegende Kinder, die je eine farbige Schnur (4, 5, 6, 7, 8) in der einen Hand hielten und mit der anderen das nächste Kind wiederum am Knöchel berührten. Das sah dann etwa so aus (Abb. 12):

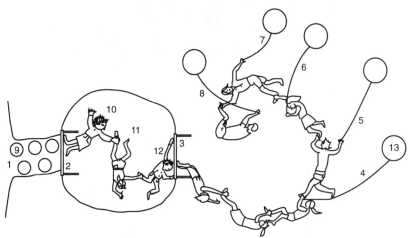

Abb. 12: Schematische Darstellung des Hörorgans auf dem Fussboden des Kindergartens

Die Reise durchs Ohr ins Gehirn beginnt

1. Ein Kind (9) auf einem Stühlchen im Gehörgang (1) produziert einen Klang, beispielsweise indem es einen Triangel anschlägt.

2. Der Klang wird durch die drei Mittelohrknöchelchen Hammer (10), Amboss (11) und Steigbügel (12) zum ovalen Fenster (3) weitergeleitet. (Die Kinder realisieren, dass es für die drei Mittelohrknöchelchen keine Rolle spielt, welches Instrument einen Klang erzeugt hat; sie haben in jedem Fall einfach den Impuls zu übermitteln.)

3. Das dritte Knöchelchen, der Steigbügel (12), muss den an seinem Knöchel empfangenen Impuls durch Klopfen an das Tischchen, das ovale Fenster (3), auf die Härchen im Innenohr (die Cochlea) übertragen.

Die einzelnen Härchen 'wissen' ganz genau, welchem Instrument sie zugeord-
net sind. Sie 'wissen', dass sie nur dann an der Schnur (der Nervenfaser) ziehen dürfen, wenn ihr Instrument zuvor am Beginn der Schallkette erklang.

Abb. 13: Die Kinder bilden selbst eine Hörschnecke (Cochlea).

4. Kommt zum ersten Härchen ein Impuls, der nicht von seinem ihm zuge-
ordneten Instrument herrührt, muss dieses Härchen den Impuls durch
Knöcheldrücken ans nächste Härchen weiterleiten.

5. Empfängt das Härchen jedoch den von seinem Instrument ausgelösten Impuls, z. B. den Triangel, so zieht es an der Schnur (4), die ihn ins Gehirn
(13) leitet.

6. Im Gehirn, am anderen Ende der Schnur (13), sitzt nun ein Kind, das das gleiche Instrument in der Hand hält wie das den Klang auslösende Kind im Gehörgang, hier also den Triangel. Spürt das Kind den Zug an der Schnur, spielt es sein Instrument. Dadurch ist die Schalleitungskette geschlossen. Im Gehirn erklingt damit der gleiche Klang wie ausserhalb des Kopfes.

Bemerkungen zur Reise durchs Ohr

Die Kinder sind von der Tatsache begeistert, dass sie durch dieses System Töne und Klänge ganz gezielt und erst noch lautlos übertragen können.

Soziale Aspekte:

Natürlich hören ja alle Kinder, welches Instrument (im Gehörgang) jeweils gespielt wird. Sie wissen also auch, dass dasselbe Instrument am Schluss der Schalleitungskette (im Gehirn) wieder gespielt werden muss. Das bedeutet, dass sich die Kinder, die die Härchen der Hörschnecke bilden, merken müssen, welcher Ton gespielt wird und dann solange warten müssen, bis sie den für sie bestimmten Impuls an ihrem Fuss spüren. Erst dann dürfen sie an ihrer Schnur ziehen, um ihr Instrument, das im Gehirn, am anderen Ende der Schnur, sitzt, zu aktivieren. Dadurch wird die Aufmerksamkeit enorm erhöht und die Rücksichtnahme stark gefordert.

Natürlich muss das für die Lektion benötigte Material durch die Kindergärtnerin vorbereitet sein. In den meisten Kindergärten ist das von uns eingesetzte Material ohnehin vorhanden, so dass weder ein grosser materieller noch ein grosser zeitlicher Aufwand notwendig ist.

René J. Müller

69

Umsetzen von Musik in Bewegung (Lektion 5)

"Ich stelle mit meinem Körper das dar, was ich als Ton,
Musik, Geräusch oder Wort höre."

Absicht/Hinweise

Wir reden nicht nur mit Worten, sondern auch mit Lauten und mit dem Ausdruck.

Lektionsablauf

Ich gähne laut, anstatt die Kinder wie üblich zu begrüssen. Die Kinder reagieren sofort und fragen, ob ich müde sei. Ich frage sie, ob sie andere Geräusche kennen, von denen sie auch wüssten, was sie bedeuten. Pssst! Finger vor den Mund: Still sein. Mmh! Bauch reiben: Das ist gut. Brrr! Sich schütteln: Es friert einen usw. Wir machen die Geräusche und die entsprechende Gestik gemeinsam.

Geräusche von draussen identifizieren, die Geräuschquelle darstellen.

Wir hören, welche Geräusche wir von draussen erkennen. Wir bewegen uns nun selber als Vogel, der gesungen hat, als Auto, welches vorbeifuhr oder als Regen, der ans Fenster klopft.

Die Kinder entwickeln in der Bewegung das Bewusstsein, dass die Musik zum Ausdruck gebracht werden kann und wirklich etwas bedeutet.

Ich erzähle den Kindern, dass die Komponisten das, was sie hören und erleben, in der Musik zum Ausdruck bringen, so, wie ein Maler ein Bild macht von dem, was er sieht oder was ihn bewegt. Die Kinder bewegen sich anschliessend zur Musik durch den Raum und probieren, sich so einzufühlen, was mit der entsprechenden Musik gemeint sein könnte; zuerst in einen Elefanten (1.), dann in eine Fee (2.), einen Vogel (3.)[12] usw.

---

[12] Musik siehe am Schluss dieser Lektion.

Abb. 14: Die Feen werden eingeladen

Absicht/Hinweise	*Lektionsablauf*
Musik und innere Bilder miteinander verbinden. Sich geistig anregen lassen.	Ob der Tag oder die Nacht wohl auch eine Musik haben? Die Kinder richten sich mit Kissen, Tüchern und Decken einen Platz ein, wo sie bequem liegen können. Ich spiele beide Stücke vor mit dem Hinweis, die Kinder mögen darauf achten, welche Musik ruhig und dunkel tönt und welche hell klingt und einen freudig zum Aufstehen bewegt (4. Tag, 5. Nacht).
Wetter haben wir schon des öfteren körperlich dargestellt. Die Kinder fühlen sich im Ausdruck sicher und erleben die Musik als animierend.	Wir hören nun Wettermusik. Die Kinder sitzen am Boden vor ihrem Stuhl und machen auf der Sitzfläche mit ihren Händen das Wetter gleich mit: Beim Regen (6.) klopfen sie mit den Fingern, beim Gewitter (7.) schlagen sie mit den Handflächen, zur Sonnenmusik (8.) stehen sie auf und gehen mit ausgestreckten Armen als strahlende Sonnen umher.

Absicht/Hinweise
Regelmässigkeiten in der Musik erkennen und mit dem Körper in eine (sichtbare) Form bringen.

Lektionsablauf
Zur Musik können wir auch Muster malen. Zu drei verschiedenen Sätzen aus Vivaldis Gitarrenkonzerten malen wir in die Luft einmal senkrecht auf und ab (9.), einmal wiegend halbrund hin und her (10.), und schliesslich kreisen wir unsere Hand (11.). Die Kinder machen die Zeichen nun selbständig zur entsprechenden Musik in die Luft, später zeichnen sie die Muster am Boden auf ein Blatt Papier.

Abb. 15: Entspannen beim Hören der Musik

Abb. 16: Muster malen zur Musik

Absicht/Hinweise
Gemeinsam Lieb-
lingsmusik und Be-
wegung wählen.

Lektionsablauf
Die Kinder dürfen eine Musik auswählen, mit der sie in die Garde-
robe gehen, um das Znüni zu holen. Sie sind sich einig und bringen als Elefanten (1.) ihr Znünitäschli herein.

Verzeichnis der in der Lektion verwendeten Musikstücke:

1. Elefant: W. DISNEY: The Jungle Book (Nr.3), CD WDR 36006-2.
2. Fee: P. TSCHAIKOWSKY: Nussknacker-Suite (Danse de la Fée –
              Dragée), CD ST 10.011.
3. Vogel: MOONDOG: Elpmas (Bird of Paradise), CD kd 123314.
4. Tag: E. GRIEG: Peer Gynt (Morgenstimmung), CD 410 026-2.
5. Nacht: A. VIVALDI: Flötenkonzerte (Nr.6), CD 423 702-2.
6. Regen: P. FAVRE: Solitudes (Pluies), CD ECM 1446 849 654-2
7. Gewitter: A. VIVALDI: Die Vier Jahreszeiten (Sommer – Presto),
              CD 419 214-2.
8. Sonne: DEUTER: Cicada (Sun On My Face), CD KUCKUCK 11056-2.
9. Muster: A. VIVALDI: Gitarrenkonzerte, CD Philips 412 624-2,
              (Nr. 5, 14, 15).

Überlegungen zur Lektion

Nachdem sich die Kinder der komplexen Vorgänge des Hörens bewusst geworden sind und erlebt haben, wie wir andauernd von unserer Umwelt unterschiedlichste Töne aufnehmen und diese auch unterschiedlich wahrnehmen können, war es unser Bedürfnis, als Abschluss dieser Lektionsreihe dem Ausdruck, den wir den verschiedensten Klängen geben, unsere vermehrte Aufmerksamkeit zu schenken.

Beata Feldmann

Schlussgedanken

Das Zusammenarbeiten im Team-Teaching von Kindergärtnerin, Logopädin und mir als Hörgeschädigtenpädagogen hat sich für alle Beteiligten als sehr hilfreich erwiesen. Die normalhörenden Kinder lernten im Laufe der Zeit mehr und mehr, sich in die besondere Situation der hörbehinderten Anina hineinzuversetzen. Umgekehrt gilt jedoch auch für Anina, dass sie sich noch besser in die hörenden Kinder einfühlen konnte. Darüber hinaus profitierten auch die erwachsenen Bezugspersonen von diesem kleinen Projekt. Die Kindergärtnerin und die Logopädin lernten so ganz nebenbei viele Aspekte der Hörgeschädigtenpädagogik kennen.

Was jedoch auch klar wurde, ist einerseits die Tatsache, dass jedes Projekt, bei dem (hör)behinderte Kinder zusammen mit nichtbehinderten Kindern unterrichtet werden, nur dann begründete Aussicht auf Erfolg hat, wenn die involvierten Personen dies auch ganzherzig wollen. Neben den pädagogisch tätigen Personen gehören hier auch die Behördenmitglieder dazu, die beispielsweise Anträge auf eine Reduktion der Klassengrösse oder akustische Anpassung des Klassenraumes unterstützen müssen.

Am Beispiel von Anina wird ein notwendiges Prinzip des integrativen Unterrichts deutlich:

Auch die Nichtbehinderten müssen etwas Neuartiges lernen, was sie bei aussondernder Erziehung in der Regel nicht lernen könnten. Gemeinsamer Unterricht bedeutet nicht, alle einander gleich zu machen, sondern vielmehr: miteinander leben, spielen und lernen zu können, ohne den andern ganz verstehen zu müssen, ohne sich ganz und gar in den andern einfühlen zu müssen; den andern und sich selbst in seinem Sein so zu lassen wie er ist. – Das macht die Bereicherung in der Gemeinschaft aus.

Weiterentwicklung der Sonderschulen für Hörgeschädigte[13]
René J. Müller

Historische Entwicklung

Im Mittelalter war der Besuch einer Schule das Privileg einiger wohlhabender Menschen und deren Kinder (vor allem Jungen). Im Zeitalter der Aufklärung wurden die gesellschaftlichen Bedingungen in Europa grundlegend verändert. Die Bildung des Volkes wurde als eine Aufgabe des Staates verstanden und in der Folge der Besuch der Volksschule (im 19. Jahrhundert) nach und nach zur Pflicht erklärt. Im Zentrum des Interesses standen damals die nichtbehinderten Kinder. Aus ihnen sollten durch Erziehung und Beschulung vollwertige aufgeklärte Bürger gemacht werden. Um eine 'Homogenisierung' unter den Schülerinnen und Schülern zu erreichen, wurden Jahrgangsklassen gebildet. Jenen Kindern, die dieser homogenen Norm nicht entsprachen, wurde die Bildung vorenthalten. Insbesondere traf dies auf die behinderten Kinder zu. Damit ist offensichtlich, dass die Volksschulen unter den damaligen Rahmenbedingungen den speziellen Bedürfnissen behinderter Kinder nicht gerecht werden konnten.

Im Falle der hörgeschädigten Kinder wurde zwar versucht, Lehrer und Lehrerinnen der allgemeinen Schule zu befähigen, auch für diese Kinder kompetent zu sein. Diese Bemühungen gingen in die Geschichte der Hörgeschädigtenpädagogik unter der Bezeichnung »Verallgemeinerung« ein. Die grosse Schülerzahl, die unerlässliche Individualisierung des Unterrichts, das Fehlen technischer Hilfsmittel zur Ausnützung der diesen Kindern noch verbliebenen Hörfähigkeit und die fehlende Kooperation zwischen Elternhaus und Schule führten jedoch dazu, dass diese Idee in der zweiten Hälfte des 19. Jahrhun-

---

[13] Dieser Beitrag erschien erstmals in: Die Sonderschule 6/93, S. 341-349, Neuwied/Rhein.

derts aufgegeben werden musste (ARMIN LÖWE 1992; ARBEITSGRUPPE INTE-
GRATION SCHLESWIG 1992).

Aus dieser geschichtlichen Sicht bedeutete die Errichtung von Sonderschulen
für hör- und sehgeschädigte Kinder einen Fortschritt und bot die Gewähr dafür, dass diesen Kindern eine Erziehung zukam, die ihnen ein annähernd normales Leben ermöglichte. Diese Phase könnte man als die *Legitimationsphase
der Sonderschulen* bezeichnen. Die gutgemeinte Absicht, behinderte Kinder
zu erziehen und gesellschaftlich nutzbar zu machen, *"kippte allerdings zunehmend in institutionalisierte Überwachung des 'Andersartigen' und in gesellschaftliche Abwehr von Behinderung um."* (VOLKER SCHÖNWIESE 1992)
Tatsächlich entstand innerhalb des nun mächtig gewordenen Sonderschulwe-
sens die Vorstellung, in der Beschulung und Erziehung behinderter Kinder
allein kompetent zu sein. HANS WOCKEN (1992) bemerkt diesbezüglich tref-
fend: *"Die subsidiäre Funktion der Sondereinrichtung ist leider in Vergessen-
heit geraten. Man hat sich an die Existenz von Sonderschulen gewöhnt und tut
nun so, als ginge es eigentlich gar nicht anders, ja, als sei es sogar besser so."*
So erstaunt es kaum, dass der Integrationsgedanke nur langsam ins Bewusstsein von Eltern und Hörgeschädigtenfachleuten drang.

Eine Analogie zwischen Pädagogik und physikalischer Chemie

Ein Quervergleich zu den Naturwissenschaften, insbesondere zur Chemie,
mag in der Sonderpädagogik ungewöhnlich sein. Dadurch kann jedoch ein
besseres Verständnis für gesellschaftlich-pädagogische Zusammenhänge geschaffen werden. Wie allgemein bekannt ist, beruht das Leben auf der Erde
auf Verbindungen mit einem Kohlenstoffgerüst. Bis vor kurzem waren Graphit und Diamant die einzigen auf der Erde in grösseren Mengen verfügbaren
und strukturell charakterisierten kristallinen Erscheinungsformen des Kohlenstoffs. *"Im Jahre 1990 änderte sich dieses Bild dramatisch, als WOLFGANG
KRÄTSCHMER am Max-Planck-Institut für Kernphysik in Heidelberg und
DONALD HUFFMAN an der University of Arizona in Tucson durch Wider-
standsheizen von Graphit auf über 4000°C in einer Atmosphäre von etwa 150
Torr Helium das fussballähnliche C$_{60}$, sowie das in seiner Form mehr einem
amerikanischen Fussball oder einem Rugbyball ähnelnde C$_{70}$ herstellten."*
(FRANÇOIS DIEDERICH 1993) Diese Moleküle (vgl. Abb.) nennt man zu Eh-
ren des amerikanischen Architekten BUCKMINSTER FULLER, der durch den
Bau von Kuppeldächern berühmt wurde, *Fullerene* oder *Buckyballs*.

Bis vor wenigen Jahren war es auch in der Pädagogik undenkbar, dass neben
den Regelschulen, die sich für behinderte Kinder hart wie Diamant erwiesen,
und den Sonderschulen, die – ähnlich wie der Graphit – weich genug waren,
um auch die schwächsten Kinder aufzunehmen, noch andere Schulformen exi-

stieren könnten. Genauso wie es in der Natur in kleinsten Mengen seit jeher Fullerene oder Buckyballs gab, unterrichteten stets da und dort einzelne engagierte Pädagoginnen und Pädagogen behinderte und nicht behinderte Kinder gemeinsam. PETER R. BUSECK und seine Kollegen von der Arizona State University in Tempe, die in einem Fulgurit, einem glasigen Stein, der durch Blitzschlag entstanden ist, Spuren von C_{60}- beziehungsweise C_{70}-Fullerenen fanden, stellten eine Hypothese über die Entstehung der Buckyballs auf: *"Die Hitze beim Einschlag des Blitzes war offenbar so gross, dass das Gestein schmolz und sich gleichzeitig die Kohlenstoff-Bälle formten. Woher der zur Synthese erforderliche Kohlenstoff stammt, ist noch unklar. Da der Stein selbst keinen Kohlenstoff enthält, muss er von aussen zugeführt worden sein. Möglicherweise verdampften beim Einschlag des Blitzes Tannennadeln und -zapfen, die in der Umgebung herumlagen."* (BILD DER WISSENSCHAFT, 1993/5, S. 7)

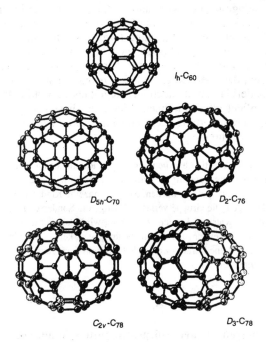

Abb.: Die fünf bisher in reiner Form isolierten Fullerene
(nach F. DIEDERICH 1993)

Weder in der physikalischen Chemie noch in der Pädagogik kann man sich darauf verlassen, dass solch unwahrscheinliche Ereignisse zusammentreffen.

Es geht also darum, die ökosystemischen Rahmenbedingungen *(Reaktionsbedingungen)* so zu verändern, dass die geplante Reaktion ablaufen kann. Das historische Beispiel der »Verallgemeinerung« zeigt, dass auch in der Pädagogik den ökosystemischen Rahmenbedingungen die entscheidende Rolle zukommt, um Integrationsklassen im grösseren Stil einzurichten (vgl. ALFRED SANDER 1987). Zu diesen Rahmenbedingungen gehören eine optimale Versorgung mit Hörhilfen (die in den Fünfziger Jahren entwickelten Hörgeräte und das in den letzten 15 Jahren entwickelte Cochlear-Implantat), eine intensive Früherziehung, Klassenfrequenzen um 20 Kinder, die Individualisierung des Unterrichts, der Lehrziele, der Unterrichtsmethoden und der Leistungsbewertung.

Eine der sowohl anspruchsvollsten als auch lohnendsten intellektuellen und sozialen Herausforderungen der Integrationspädagogik ist die Aufklärung gesellschaftlicher und politischer Voraussetzungen für Integrationsprozesse. Ein tiefgehendes pädagogisches Verständnis könnte in interdisziplinärer Forschung zur Entdeckung anderer, vom Gesichtspunkt der klassischen Sonderpädagogik unkonventioneller Erziehungsformen und möglicherweise zur Entdeckung völlig neuer Unterrichtsformen führen. Erfahrungen der ersten 35 Jahre in der Integration hörgeschädigter Kinder in der Region Zürich lassen darauf schliessen, dass bei geeigneten ökosystemischen Rahmenbedingungen sowohl aus Sonderklassen als auch aus Regelklassen »farbenfrohe« Integrationsklassen gebildet werden können. Wenn wir diese pädagogische Herausforderung und Verantwortung nicht annehmen, könnte das geschehen, was JUTTA SCHÖLER beschreibt:

"Wir werden auch künftig über die notwendigen Rahmenbedingungen wenig erfahren, wenn wir uns weiterhin so verhalten, dass Schwierigkeiten im Integrationsprozess dadurch »gelöst« werden, dass das einzelne Kind, nämlich das Kind mit Behinderungen, die Gruppe verlässt. Solange die Sonderschule den Lehrern die besonders schwierigen Kinder »abnimmt«, wird sich wenig Kreativität entwickeln. Es werden keine neuen Rahmenbedingungen, keine zusätzlichen Lehrerstellen oder zusätzliche Beratungen den Schulen zur Verfügung gestellt werden." (SCHÖLER 1993, S. 107)

Der Methodenstreit in der Hörgeschädigtenpädagogik ist nicht mehr aktuell

Während sich eine grosse Zahl von Fachleuten aus dem Hörgeschädigtenbildungswesen nach wie vor in einem emotional geführten Methodenstreit darüber befindet, welches Sprachvermittlungsverfahren nun das richtige sei, hat diese Frage für den Grossteil hörgeschädigter Kinder, beziehungsweise deren Eltern, lediglich noch einen nebensächlichen Stellenwert. Nicht, dass es bedeutungslos wäre, welche Methode beim Spracherwerbsprozess zum Einsatz kommt (Hörsprecherziehung, lautsprachbegleitender Gebärdeneinsatz oder bilinguales Konzept)! Die Frage hat jedoch insofern an Brisanz verloren, als sie durch die Realität längst überholt worden ist. Beispielsweise besuchen drei Viertel aller hörgeschädigten Kinder in der deutschsprachigen Schweiz Regelschulen; von den Kindern mit einem mittleren Hörverlust bis 90 dB sogar rund 90% (RENÉ J. MÜLLER 1994), und diese Tendenz ist weiterhin steigend. Wenn man bedenkt, dass sogar bei den sogenannten Gehörlosen etwa 95% Hörreste besitzen, die die Grundlage einer erfolgreichen hörzentrierten Sprachvermittlung sein können, erstaunen diese Zahlen nicht. Da das Gelingen eines guten Lautspracherwerbs derzeit nur in einer Umgebung möglich scheint, in der das Ausnützen der Hörreste unbedingte Priorität hat, wird verständlich, dass diese Voraussetzung in einer integrativen Umgebung am ehesten gewährleistet ist. Die Erfolge der integrativen Beschulung zeigen, dass diese Art der Erziehung und Bildung dem pädagogischen Kriterium, dem gehörlosen Kind, *ein Höchstmass an individuellen Entwicklungsmöglichkeiten im sozialen Bezugsfeld* zu ermöglichen, gerecht wird (vgl. PETER JANN 1993).

Diese Überlegungen weisen darauf hin, dass wir uns von dem Irrglauben lösen müssen, dass es nur Regelschule *oder* Sonderschule, »weiss« oder »schwarz«, gibt. Die wahre Vielfalt oder Farbenpracht liegt nicht dazwischen, nicht im Mausgrau, sondern in etwas Neuem. Dieses Neue ist die »integrative Schule« mit ihren »Integrationsklassen«. Ähnlich verhält sich die Chemie des Kohlenstoffs. Fullerene sind farbenfroh, was einen starken Kontrast zum farblosen Glanz des Diamants und der Schwärze des Graphits darstellt (vgl. DIEDERICH 1993). So sind Lösungen von C_{60} intensiv violett, von C_{70} orange-rot, von C_{76} goldgelb, von C_{78} kastanienbraun oder grüngelb gefärbt. Diese neue Qualität von Schule äussert sich beispielsweise in den Ergebnissen einer Untersuchung, die ich 1992/93 an 300 integrativ beschulten hörgeschädigten Mädchen und Jungen in Zürich durchführte (vgl. MÜLLER 1994):

• Die integrativ beschulten hörgeschädigten Mädchen und Jungen erbringen im Vergleich zu normal hörenden Kindern und Jugendlichen eine durchschnittliche bis gute schulische Leistung.

• Die Alltagsbelastung hörgeschädigter Kinder und deren Bezugspersonen wird nicht als grösser als bei normalhörenden Kindern empfunden.

• Die psycho-soziale Situation integrativ beschulter hörgeschädigter Kinder unterscheidet sich nicht von jener normalhörender Kinder und Jugendlicher.

Verfechterinnen und Verfechter der gemeinsamen Beschulung realisierten in den letzten Jahren mehr und mehr, dass Integration nicht als ein Prozess verstanden werden darf, der in einseitiger Weise vom behinderten Kind abhängig ist, sondern ein gesellschaftliches Anliegen darstellt, das erst in unserer geschichtlichen Epoche langsam wahrgenommen wird. Dies erforderte ein Umdenken, ein Verlassen der alten gesellschaftlich-pädagogischen Betrachtungsweisen und die Übernahme neuer ökosystemischer Perspektiven.

Die Übernahme neuer Denkweisen führt weg von der Sonderschule hin zum Förder- und Beratungszentrum

Im Laufe der letzten fünf bis zehn Jahre haben einige Sonderschulen für Hörgeschädigte damit angefangen, integrativ beschulte Kinder sowie deren Eltern und LehrerInnen wenigstens sporadisch zu betreuen. Dies geschah im allgemeinen nicht deshalb, weil bereits eine neue pädagogische Grundhaltung Einzug gehalten hätte, sondern viel mehr aus einer existentiellen Notwendigkeit heraus. Immer mehr hörgeschädigte Kinder verliessen die Sonderschule oder traten gar nicht erst in diese ein. Das Potential an sonderpädagogischen Ressourcen traditioneller Hörgeschädigtenschulen gilt es für die neuen Aufgaben, beispielsweise eine intensive Beratung und Betreuung von integrativ unterrichteten Kindern, zu nutzen. Das ist allerdings nicht einfach. Es erfordert ein echtes Umstrukturieren alter Denkansätze. Die folgende Geschichte soll dies illustrieren:

"Eines Nachmittags wanderte ein Mullah aus einer Oase mehrere Kilometer in die Wüste hinaus. In der Ferne sah er eine grosse Karawane, die sich langsam auf die Oase bewegte. Als die Karawane den Mullah erreichte, grüsste der reiche Karawanenführer und rief seinen zwei Unteroffizieren zu: 'Machen wir eine kurze Pause! Bis zur Oase ist es nicht mehr weit. Machen wir zur Abwechslung auch einen kleinen Wettkampf. Der Weg war lang. Wir schwitzen alle und haben grossen Durst. Meine lieben Reiter', sprach der Karawanenführer zu den beiden Unteroffizieren, die auf schönen Pferden sassen, 'ich gebe demjenigen einen Preis, dessen Pferd zuletzt in der Oase ankommt. Sehen Sie diesen mit Gold beladenen Esel? Er und seine Last sind der Preis des Gewinners. Aber nun weiter! Die Kamele, Pferde, Esel und Menschen brauchen Wasser und Schatten. Vorwärts!' Und damit setzte sich die Karawane wieder in Bewegung. Es dauerte einige Minuten, bis die ganze Karawane am Mullah vorbeigezogen war. Die beiden Unteroffiziere sahen einander an und ritten langsam los. Als der eine etwas langsamer ritt, drosselte auch der andere sein Tempo. Schliesslich hielten beide an. Als die Karawane bei der Oase ankam, hatten die beiden Offiziere mehrere Kilometer Rückstand. Jeder wartete darauf, dass der andere so matt und durstig würde, dass er aufgeben und zur Oase reiten würde. Aber beide waren tapfer. Nach einer Weile stiegen sie von den Pferden, setzten sich in den Sand und warteten. So sassen sie da, und der Mullah stand stumm daneben. Es herrschte eine unerträgliche Hitze. Niemand sprach. Nach einigen Minuten schauten die Unteroffiziere einander an. Dann wandte sich der eine an den Mullah: 'Lieber Mullah, könnten Sie uns gnädigerweise aus unserer Notlage helfen?' Der andere nickte bestimmend. 'Seid Ihr sicher, dass Ihr Hilfe wollt?', fragte der Mullah. Beide bejahten. Darauf sprach der Mullah langsam drei Worte, und die Unteroffiziere sprangen auf die Pferde und ritten, so schnell sie konnten, gegen die Oase. Nun, was hatte der Mullah ihnen empfohlen?" (WERTHEIMER 1963, zitiert nach THOMAS HAGMANN 1990, S. 14)

Sicher ist das vorliegende Problem mit traditionellen Überlegungen und Strategien nicht zu lösen. Wir kommen nicht darum herum, unsere Gedanken in neue Bahnen zu lenken. Nur so finden wir einen erfolgversprechenden Lösungsansatz. Eine Lösung findet sich am Schluss dieses Beitrags.

Das bedeutet, dass die Sonderschulen ihren Auftrag und ihr Selbstverständnis neu überdenken müssen. Eine Auflösung der Sonderschulen ist weder nötig noch sinnvoll, aber eine gründliche Umstrukturierung zu einem pädagogisch-psychologischen Förder- und Beratungszentrum und die Übernahme neuer Aufgaben (R. J. MÜLLER 1994; A. SANDER 1992; J. SCHÖLER 1992; H. WOCKEN 1992) wird mittelfristig kaum zu umgehen sein. Sonderschulen, die das nicht wahrhaben wollen und sich nicht auf neue Aufgaben einrichten, müssen damit rechnen, dass sie gelegentlich aufgelöst werden. Der Aufgabenbereich der HörgeschädigtenpädagogInnen wird sich grundlegend verändern, beispielsweise wird das introvertierte Unterrichten in der kleinen Klasse Vergangenheit sein. Die neuen Aufgaben führen SonderpädagogInnen durch als:

• AmbulanzlehrerIn in Regelklassen,
• TherapeutIn in Regelklassen,
• ZweitlehrerIn in einer Integrationsklasse,
• pädagogisch-psychologische BeraterInnen in Regelklassen und in der Erwachsenenbildung,
• LeiterIn von Supervisionsgruppen von Team-Teaching-Teams.

Ein neues Berufsbild

Diese Aufgabenbereiche erfordern teilweise völlig neue Berufsqualifikationen. MAX GLOOR, ein Kollege von mir, der neben einer Anstellung an der Schweizerischen Schwerhörigenschule Landenhof einige hörgeschädigte Mädchen und Jungen in Regelklassen begleitet, beschrieb das Berufsbild des pädagogisch-psychologischen Beraters für hörgeschädigte Kinder anlässlich einer Tagung für Integrationspädagogik auf humoristische Weise:

"Ich habe mir überlegt, was denn die Anforderungen sind, die die Arbeit des pädagogischen Beraters und des Ambulanz- oder Wanderlehrers, die Betreuerarbeit also, charakterisieren.

81

Dass damit nicht einfach der Besitz von Wanderschuhen und eines Rucksacks mit Lehrerpatent, beziehungsweise der Besitz von Auto und Führerschein gemeint ist, war mir allerdings schon lange klar. (…) Ja, was soll er denn können, dieser Wandersmann? Er ist ein spezieller Lehrer, ein Hörgeschädigtenpädagoge mit einigen Zusatzfähigkeiten aus einer grossen Zahl von Berufen. Zuerst aber eben ein

* *Lehrer,* der aber nicht nur den Stoff der jeweiligen Stufe beherrscht, sondern ganz einfach das ganze Spektrum der Klassen abzudecken im Stande ist. Daneben verfügt er selbstverständlich über Kenntnisse der Schulsysteme verschiedener Kantone.

* *Und sonst?* Neben diesem Basisberuf muss er in seinem Alltag noch eine Vielzahl von weiteren Fähigkeiten unter Beweis stellen; Fähigkeiten, die oftmals gar nicht viel mit dem Lehrerberuf zu tun haben. So muss er von den folgenden Berufen eigentlich immer ein wenig beherrschen, die dann aber auch sehr gut, und dieses Wenige ist sehr oft gerade auch das Schwierigste:

* *Psychologe,* vorzugsweise mit grosser schulpsychologischer Erfahrung.

* *Seelsorger,* der konfessionsunabhängig, jedoch in jeder Konfession gut belesen oder 'bewandert' ist.

* *Berater* der guthörenden Mitschüler, der Schulkommission, der gut und schlechter hörenden Lehrer etc.

* *Schallisolationsspezialist,* der von Materialkunde etwas versteht und bei Renovationen der Schulzimmer oder Schulneubauten beraten kann. Also auch ein

* *Raumakustiker,* der Schulzimmer in Bezug auf Lärm beurteilen kann; aber auch ein

* *Beleuchtungsfachmann,* der mit sicherem Gespür beurteilen kann, ob ein Schulzimmer gut ausgeleuchtet ist und als

* *Diplomat* mit Fingerspitzengefühl seine Forderungen durchzusetzen versteht.

* *Logopäde,* der mit anderen Logopädinnen und Logopäden Förderungsprogramme ausarbeiten kann, die behinderungsspezifisch ausgerichtet sind.

* *Hörerzieher,* der nebenbei auch Hörgeräte, FM-Anlagen und Mikrophone bedienen oder noch besser reparieren kann.

* *Detektiv,* der überall, wo er hinwandert, verschollene hörgeschädigte Kinder auffindet, die unfreiwillig integrativ geschult werden." (GLOOR 1989)

Aus GLOORs Beschreibung geht hervor, dass ein neuer Beruf entstanden ist, bei dem beispielsweise Beratungs- und Gesprächsführungskompetenzen in einem Ausmass gefragt sind, wie sie in einer herkömmlichen Ausbildung zur Lehrerin bzw. zum Lehrer nicht vorgesehen sind. Es ist damit zu rechnen, dass nicht alle KollegInnen willens oder fähig sind, diese Herausforderungen anzunehmen. Das darf aber nicht dazu führen, dass deswegen eine Entwicklung verhindert wird, die zum Wohle des Kindes ist. Analoge Entwicklungen in der Industrie werden von unserer Gesellschaft mit der grössten Selbstverständlichkeit akzeptiert. Weshalb soll es ausgerechnet im Bereich der Pädagogik, in dem es um die Gesamtentwicklung eines Menschen geht, anders sein?

PAT CHAPMAN, die zuerst als Gehörlosenlehrerin in einer Gehörlosenschule arbeitete und nun seit 1988 als Wanderlehrerin für den 'Service for Hearing Impaired Children' (Förderzentrum für hörgeschädigte Kinder) in Leicestershire tätig ist, schilderte ihre berufliche Veränderung wie folgt:

"Selbstverständlich hat sich mein Aufgabenbereich in den letzten vier Jahren sehr geändert. Ich bin von der Verantwortung eines täglichen Klassenlehrplanes befreit. Ich kann mich auf die einzelnen Kinder, die ich besuche, konzentrieren. Dadurch kann ich die Auswirkungen der Hörschädigung auf jedes Kind genauer beobachten. Ich kann mich mit den Hörgeräten befassen. Diese werden ständig überwacht, um ihre Funktion und optimale Einstellung für jedes Kind sicherzustellen. Der Lehrplan kann analysiert und mit den Lehrern besprochen werden, um auf diese Weise den Fortschritt des Kindes zu sichern. Es kann eine Menge erreicht werden, indem das Kind im Einzelunterricht gefördert wird: Die Arbeit in der Klasse wird unterstützt, das entsprechende Vokabular wird vermittelt und fehlende Hintergrundinformationen ergänzt. Alle Bemühungen konzentrieren sich darauf, das Kind erfolgreich in der normalen Klasse zu fördern."
(CHAPMAN 1992)

Wichtig ist, dass einzelne LehrerInnen des pädagogisch-psychologischen Förderzentrums sich weiterbilden, um den anderen pädagogischen MitarbeiterInnen das notwendige Know-how zu vermitteln, um Einführungs- und Trainingskurse für RegelschullehrerInnen durchführen und um Vorlesungen an Universitäten und Workshops an Seminaren abhalten zu können. Weiter gilt es, Langzeitstudien einzelner SchülerInnen zu erstellen, z. B. mittels Videodokumentationen, die der wissenschaftlichen Begleitung und Auswertung dienen können. Eine weitere Aufgabe ist das Planen und Durchführen von sozialen Kontaktmöglichkeiten im *Freizeitbereich:* Weekends und Sommerfreizeiten für integrativ beschulte hörgeschädigte Kinder und Jugendliche, um deren Persönlichkeitsentwicklung zu fördern.

Die Aufgaben eines pädagogisch-psychologischen Förderzentrums

Die Aufgaben eines pädagogisch-psychologischen Förderzentrums lassen sich in zwei Hauptbereiche zusammenfassen:

1. Schulisch-therapeutische Unterstützung der SchülerInnen in Regel- und Integrationsklassen im Sinne des Wanderlehrers bzw. der Wanderlehrerin oder als ZweitlehrerIn in einer Integrationsklasse. In beiden Fällen wird vorwiegend Arbeit *mit* dem Kind geleistet: Frühförderung, Betreuung in Spielgruppen, Elternanleitung, spezielle behinderungsspezifische Förder- und Therapiemassnahmen, Mitarbeit im Unterricht, Entwicklung der individuellen Förderpläne, fallweise Begleitung in Berufsschule und am Arbeitsplatz.

2. Beratung oder Arbeit *für* das Kind: Ökosystemische Beratung insbesondere bei Übergängen von einer Schulstufe in die nächste, beispielsweise indem die Bindeglieder zwischen dem zu verlassenden System und dem aufnehmenden System durch phasenverschobene Ablösung sichergestellt werden, Empathieförderung in der Klasse, Unterstützung bei der Handhabung technischer Hilfsmittel, z. B. Hörgeräte oder FM-Anlage, Mitentwicklung individueller Entwicklungs- und Förderpläne, Organisation und Koordination medizinischer, psychologischer und sozialer Dienste, Elternberatung.

Damit Pädagoginnen und Pädagogen dieses breite Aufgabenspektrum erfolgreich wahrnehmen können, ist ein Überdenken der LehrerInnenbildung dringend angezeigt. Gewährleistet werden kann dies am ehesten dadurch, dass bei der Ernennung von neuen SeminarlehrerInnen und Lehrbeauftragten an den Universitäten PädagogInnen gesucht werden, die Erfahrung in der Integrationsarbeit mitbringen und eine ökosystemische Integrationspädagogik vermitteln können.

Lösung für das Problem in der Mullahgeschichte:

Der Mullah sprach: "Tauscht die Pferde!"

So schön die Geschichte ist, um den Paradigmenwechsel – das notwendige Umdenken – zu verdeutlichen, so bleibt sie selbst doch genau in jenen Denkschemata verhaftet, aus der sie die LeserInnen ja herausheben möchte, nämlich in der vom Mittelschicht-Mann geprägten westlichen Kultur. Daher ist auch die von Wertheimer vorgeschlagene Lösung nicht erstaunlich, wenn er den Mullah sprechen lässt: 'Tauscht die Pferde'. Eine andere Lösung wäre, wenn die beiden Männer die Ruhe und den gemeinsamen Gedankenaustausch genossen hätten, statt sich einer völlig willkürlich angeordneten Konkurrenzsituation zu unterwerfen. Dies wäre ein Paradigmenwechsel in zweifacher Hinsicht.

Elternarbeit[14]
Theresa Lienin

Was heisst Elternarbeit? – Es kann die Erziehungs- und Förderungsarbeit der Eltern mit ihrem, in unserem Fall hörbehinderten, Kind und/oder die Begleitung und Weiterbildung der Eltern eines hörgeschädigten Kindes bedeuten.

"Wenn ich das alles nur von Anfang an gewusst hätte," diesen Satz sprechen wir Eltern wohl -zig Male aus! "dann ..."

Von dem Zeitpunkt an, in dem uns Eltern mitgeteilt wird, dass unser Kind hörbehindert ist, sollten wir schon alles wissen, was mit dieser Behinderung zusammenhängt. Wir sollten sofort richtig reagieren, mit viel Phantasie dem Kind Eindrücke, Erfahrungen und Wissen vermitteln. Dabei den lustvollen Körperkontakt pflegen – zwar das Kind optimal fördern – aber immer Mutter bleiben und nicht zur Therapeutin werden. Die Geschwister der hörbehinderten Kinder dürfen nicht zu kurz kommen, ja, und dann leben wir in einer Partnerschaft, die auch gelebt werden möchte usw. Nebenbei sollten wir noch unseren eventuellen Schock verarbeiten. Grosseltern, Verwandte, Freunde und Nachbarn aufklären.

Die Eltern brauchen von Anfang an eine gute Aufklärung. Gerade am Anfang, in der Zeit der Erfassung, brauchen wir Hilfe und eine Begleitung, um die durch den Schock verursachte Krise zu bewältigen. Wenn ich zurückdenke, wie es bei mir war, und wie ich leider auch jetzt noch immer wieder von neu betroffene Eltern höre, ist die Gefahr gross, dass wir verstummen, nicht mehr singen, weniger erzählen, plaudern (ach, es hört es ja nicht!). Ich habe z. B. keine Versli mehr aufgesagt.

---

14 Referat an der Tagung von SVEHK & APPLETREE in Sursee, September 1992.

Mein Wunsch ist, dass alle Eltern unmittelbar nach der Erfassung in einem Intensiv-Kurs, sei es während einer Woche oder an einem Weekend, wirklich vorbereitet, aufgeklärt und informiert würden. Dass sie wissen, dass es nötig ist – trotz fehlendem Gehör – zu singen, in ganzen Sätzen zu sprechen, zu tanzen und Reime aufzusagen. Dass sie erfahren, dass es eine Elternvereinigung gibt, dass man den Arzt oder Akustiker wechseln darf, wenn man nicht zufrieden ist. Die Eltern müssen über alle Wege der Erziehung und Beschulung der hörbehinderten Kinder informiert werden, welche Schulen gibt es. Sie müssen über die Integration informiert werden, welche Vorteile und Nachteile die Konsequenzen eines gewählten Weges sind. Da liegt bei uns in der Schweiz noch sehr vieles brach.

Mir ist es ein grosses Anliegen, die Eltern zu unterstützen und zu fördern. In der Region Basel bietet die Elternvereinigung ein breites Spektrum von Themen an. Durch viele Gespräche, Rückfragen und Hinhören versuchen wir herauszufinden, wo es brennt, wo Weiterbildung nötig ist. Schon dreimal haben wir in den letzten sechs Jahren Familien-Weekends in der Region durchgeführt, die jedesmal ein grosser Erfolg waren. Die Themen lauteten: 'Fröhliches Spielen draussen und im Hause', 'Geschichten erzählen, Kasperli spielen', 'Rhythmik, Spiel und Natur'. Wir haben fröhliche Wochenenden erleben dürfen. Dabei konnten die Kinder miteinander spielen. Die Geschwister waren natürlich auch mit dabei, und hier ist es immer eine gute Erfahrung zu sehen, dass auch andere Kinder ein hörbehindertes Geschwister haben können. Für die Eltern ist es immer eine gute Gelegenheit, am Abend noch zusammenzusitzen, zu plaudern, zu fragen, zu spüren, dass wir nicht alleine mit unseren Sorgen sind. Dies gibt wieder neuen Mut zum Weitermachen.

Gross war das Interesse der jüngeren Eltern, als wir in einem Zyklus von drei Abenden über das 'Akzeptieren der Behinderung', 'Die eigenen Schuldgefühle' und über 'Die Rolle der Väter' mit einer Psychologin zusammen wichtige Kenntnisse erarbeiteten. Einen anderen Block widmeten wir der Eifersucht unter den Geschwistern, und 'Mein Kind wird beim Spielen ausgeschlossen'.

Für die Eltern Jugendlicher bieten wir nächstens einen Abend an zum Thema 'Wie finde ich einen guten Lehrmeister'. Wir hoffen, zusammen mit einem Berufsberater, einem Vertreter der Berufsschule und einem Vertreter des Amtes für Berufsbildung, den Eltern Hinweise mitgeben zu können, um auf dem oft mühsamen Weg der Lehrstellensuche gezielter vorgehen zu können.

Regelmässig laden wir uns bei einem Akustiker ein, um über die technischen Hilfsmittel informiert zu werden. Dabei kommen immer wieder Fragen über die Hörgeräte, die Möglichkeiten von Hilfsmitteln zum TV-Gerät oder zum Telefon usw. Einen Abend zum Thema Hörerziehung sollten wir den Eltern und LehrerInnen eigentlich alle Jahre anbieten.

Themen im Schulbereich wie 'Mathematik – ein Problem', 'Sackgeld', 'Lesen fördern' oder 'Warum erziehen wir in der Lautsprach-Methode' organisieren wir zusammen mit der Gehörlosen-Schule Riehen.

Die Weiterbildung der Eltern ist auch der Schweizerischen Elternvereingung ein grosses Anliegen. Ich möchte die Vereinigung, die 1974 gegründet wurde, kurz vorstellen: Ihr sind zehn Regionalgruppen angeschlossen mit insgesamt 1'100 Mitgliedern. Die zentrale administrative Funktion erfüllt der Zentralvorstand, bestehend aus je zwei Mitgliedern einer Regionalgruppe, mit in der Regel vier Sitzungen im Jahr. Zum Aufgabenbereich zählt die jährliche Elterntagung, z. B. dieses Jahr in Lausanne, die sich zum Thema 'Hin zu einer neuen Integration für Primarschüler' mit den Problemen der integrierten Kinder in der Unterstufe befassen wird. Weitere Aufgaben sind Anregungen für Verbesserungen an den Sonderschulen, Mithilfe bei der Schaffung von Möglichkeiten, hörgeschädigte Kinder höhere Schulen besuchen zu lassen, Verbesserungen bei der Sozialversicherung anzustreben und vieles mehr, um nur einige Bereiche zu nennen. Weiter wird durch das sechs Mal jährlich erscheinende 'Bulletin' spezifische Information und Meinungsaustausch angeboten. Ausser dem Sekretariat und der Redaktionsarbeit für das Bulletin werden alle Arbeiten ehrenamtlich geleistet.

Ein ganz wichtiger Teil in der Begleitung der Eltern sollte das aufmerksame Zuhören sein. Ich stelle immer wieder fest, dass Eltern auf entsprechende Fragen oft spontan antworten, es gehe sehr gut. Im Verlaufe von vertieften Gesprächen und intensivem Zuhören tritt dann häufig ein ganzes Paket von Sorgen, Fragen und Unsicherheiten auf. In manchmal langen Gesprächen versuchen wir gemeinsam, einen Weg zu finden, Hilfeleistungen anzubieten, oder zu ermutigen, mit den Therapeuten, dem Arzt oder dem Akustiker nochmals zu sprechen.

Als letzten Punkt möchte ich erwähnen, dass wir Eltern wieder lernen müssen, Positives zu sehen, und uns an dem zu freuen, was unser Kind schon alles kann, und uns nicht immer daran zu orientieren, was es nicht kann. Dabei brauchen überarbeitete, überforderte oder verunsicherte Eltern sehr oft auch ein wenig Anleitung.

Zufriedene, glückliche Eltern strahlen Geborgenheit und Zuversicht aus, und dies wünsche ich jedem Kind.

Kooperation zwischen Eltern und Fachpersonen
Dagmar Böhler-Kreitlow

Einführung

Die drei nachfolgenden Aufforderungen bilden das Gerüst meines Referates an der Tagung von APPLETREE in Chur (September 1993), die dem Thema 'Elternarbeit konkret' gewidmet war.

Mut zur Realität

Für das Erkennen der Realität sollten wir uns vorgängig Einblick in den Ist-Zustand gewähren, somit auch den unbequemen Fragen Platz machen und ihnen auf den Grund gehen.

Mut zu Visionen

Kreative Veränderungsvorschläge bedürfen einer vorhergehenden Auseinandersetzung mit unseren Wunschträumen, Wunschvorstellungen oder sogar Visionen. Sie führen uns von den Normvorstellungen und Ist-Zuständen weg, hin zu neuen Wegen.

Mut zu Veränderungen

Dass wir (Fachleute und Eltern) zusammenarbeiten sollten, ist unumstritten, aber nur das Wissen darum genügt nicht, wir müssen es auch *tun*. MARTIN BUBER (1953) umschreibt dieses Anliegen wie folgt:

> "Du sollst dich nicht vorenthalten. Auch wenn du selber bedürftig bist – und du
> bist es – kannst du anderen helfen und, indem du es tust, dir selber."

In diesem Sinne sehe ich auch unsere Aufgabe. Ich möchte, dass wir uns heute alle mit der Frage auseinandersetzen:

WAS KANN ICH TUN ?

Diese Fragestellung lässt in uns eine *aktive Haltung* entstehen. Wir wollen uns nicht mehr vorenthalten, wir möchten etwas zu der Zusammenarbeit *beitragen*, wir wollen uns aufraffen und neue Schritte für eine Kooperation wagen.

Bericht einer Mutter

Mit dem Auszug aus dem Bericht der Mutter eines behinderten Kindes möchte ich Sie in die *Problematik der Zusammenarbeit* Eltern – Fachkräfte einstimmen:

"... ich höre noch die ernste, ja beschwörende Stimme, die mir eindringlich ans Herz legte, wie entscheidend wichtig es gerade für dieses Kind sei, eine gute Mutter zu haben. Eine Mutter, die dieses Kind besonders liebt, besonders aufmerksam betreut, seine Entwicklung beobachtet und ja keine Förderungsmöglichkeit verpasst, auf dass sie unwiederbringlich verloren sei. Eine gute Mutter – wie sehr wollte ich diese sein! Keine Anstrengung sollte zuviel für mich sein, keine Gelegenheit der Förderung und Therapie sollte meiner Aufmerksamkeit entgehen – ich war zu allem bereit, was meinem Kind helfen könnte.

In der Zusammenarbeit mit zahlreichen Menschen, die sich in der Folge beruflich mit der Erziehung und Förderung meines Kindes befassten, habe ich im Laufe der Zeit merken müssen, dass jeder den Begriff 'eine gute Mutter sein' anders deutet. Für die Physiotherapeutin war ich eine gute Mutter, wenn ich fleissig die vorgeschriebenen Übungen machte, für die Kindergärtnerin, wenn ich möglichst oft das Lernen der Farben übte. Für die Rhythmiklehrerin war das Musizieren das Wichtigste, für den Orthopäden der tägliche Spaziergang. Es blieb wenig Zeit, darüber zu sinnen, was denn eigentlich in der Beziehung zu meinem Kind für uns beide ganz persönlich wichtig sei.

Relativ spät habe ich die Zeit und auch die Kraft gefunden, mir aufgrund meiner eigenen Erfahrungen meine eigenen Urteile, meine eigenen Meinungen zu bilden und über die Gefahr der Fremdbestimmung durch die Fachleute nachzudenken. Ich bin dabei zu folgenden Schlüssen gekommen: Ich muss nicht 'besser' sein als andere Mütter, nur weil ich ein behindertes Kind habe. Ich möchte nicht dauernd mit meinen Schuldgefühlen, meinen Akzeptations- oder Loslösungsschwierigkeiten behaftet werden. Ich habe ein Recht auf meine persönlichen Auffassungen in bezug auf Erziehung, Förderung und Zusammenleben mit meinem behinderten Sohn ..." (HEIDI SENN)

Diese Mutter erlebte das System der Früherziehung vor ca. 15 Jahren. Hat sich bis heute sehr viel verändert?

Entwicklung in den letzten 10 Jahren

Ja, es hat sich einiges verändert. Diesen Wandel möchte ich kurz und vereinfacht anhand dreier Stationen aufzeigen.

Kindzentrierter Ansatz

Das *Verständnis* der Fachleute über ihre Arbeit mit den behinderten Kindern hat sich im letzten Jahrzehnt stark verändert. Die ersten Bemühungen der damaligen Früherziehung waren ausschliesslich *kindorientiert*, ohne wesentlichen Einbezug des bestehenden Familiensystems. Ein von den Fachleuten 'verordnetes' Therapieprogramm wurde für das Kind aufgestellt und von den Eltern zu Hause umgesetzt. Zusätzlich bestimmte dieses Programm die regelmässigen Therapiestunden.

Das von 'aussen' an das Kind und die Eltern herangetragene Förderprogramm trägt eindeutig defizitorientierte Tendenzen. Ohne den Beitrag der Elternkompetenz bestehen aber kaum Möglichkeiten, auf die Ressourcen des Kindes und der Familie einzugehen und sie zu nutzen!

Ko-Therapeutenmodell

Der rein kindorientierte Therapieansatz verlagerte sich allmählich in die Richtung des *Ko-Therapeutensystems*. In diesem Therapiesystem erhält die *Elternarbeit* ein grosses Gewicht, aber in einer von mir aus gesehen eher fragwürdigen Form: Die Eltern verpflichten sich, das Therapieprogramm des Therapeuten zeitlich wie auch haltungsmässig in ihren Alltag zu übertragen; sie werden zu *Hilfstherapeuten*. Eltern müssen Eltern bleiben dürfen und nicht die Rolle der Hilfskräfte (ohne eigene Reflektion) übernehmen; das verträgt sich schlecht mit der ursprünglichen Elternrolle. Eltern sind keine Schüler der Therapeuten, die nach ihren therapeutischen Leistungen mit ihrem behinderten Kind beurteilt oder sogar benotet werden!

Kooperationsmodell

Die Erkenntnis der *Fachpersonen*, Eltern in ihrer Funktion als *Primärerziehende* zu unterstützen, liessen das Kooperationsmodell entstehen. Aber auch die *Eltern* trugen zu diesen Veränderungen bei. Sie entwickelten im Verlauf der Jahre ein *anderes Verständnis* für ihre Arbeit mit dem behinderten Kind. Nachdem die früheren Therapiesysteme ihnen Stück für Stück die Verantwortung für die Förderung ihrer Kinder aus den Händen nahmen, holen sie sich heute in der Kooperation mit den Fachleuten ihr *Selbstbewusstsein* und die *Familienautonomie* wieder zurück.

Ich begrüsse und unterstütze diesen Stellenwert der elterlichen Mitarbeit und auch das neue Verhältnis zwischen den Eltern und professionellen Mitarbeitern. Aus diesem Ansatz heraus entstehen positive Umgestaltungen, die eine Förderung der ganzheitlichen Entwicklung unserer hörbehinderten Kinder *in* der Familie und *durch* die Familie begünstigen.

Stationen zur Kooperation

Förderwirklichkeit – Lebenswirklichkeit

Mein Therapieauftrag lautet: 'Förderung der Hör- und Sprachentwicklung des hörbehinderten Kindes'. Somit liegen die Zwänge meines Auftrages und damit meiner *Förderwirklichkeit* auf der Hand: Die Zeit drängt, wir (die Eltern und ich) sollten so schnell als möglich mit der hörgerichteten Spracherziehung beginnen. Die Eltern aber müssen den Verlust und die damit verbundene Trauer um ihr erhofftes 'normales' Kind verarbeiten; das möchte ich als die Lebenswirklichkeit der Eltern bezeichnen. Die Lebenswirklichkeit der Eltern und die Förderwirklichkeit des Therapeuten stimmen also nicht überein, beide Parteien befassen sich mit anderen Inhalten. Die Basis der Zusammenarbeit ist noch nicht vorhanden.

Anhand der nebenstehenden Darstellung möchte ich den von mir als Audiopädagogin erlebten Weg vom ersten Elterngespräch bis hin zur Kooperation beschreiben:

Ein Leben ohne Traditionen

Warum aber sind die Eltern gerade in dieser Zeit so angewiesen auf eine gute Beratung durch die Fachkräfte? In der Hoffnung nach Erfahrungsaustausch fragen viele junge Eltern bei Erziehungsproblemen Freunde oder Verwandte um Rat. Eltern eines hörbehinderten Kindes haben dieses Bedürfnis verstärkt: Sie haben keine Erfahrungen im Umgang eines behinderten Kindes, sie stehen in der Konfrontation mit einer ihnen unbekannten Erziehungssituation. Sie sind weder im regen Austausch mit anderen Eltern, noch können sie auf Traditionen zurückgreifen. Sie fühlen sich alleingelassen und erleben häufig *Isolationstendenzen*. Aus diesen schmerzlich durchlebten Grenzerfahrungen entsteht ein neues, zu Eigenverantwortung leitendes Selbstverständnis (DAGMAR BÖHLER, 1993).

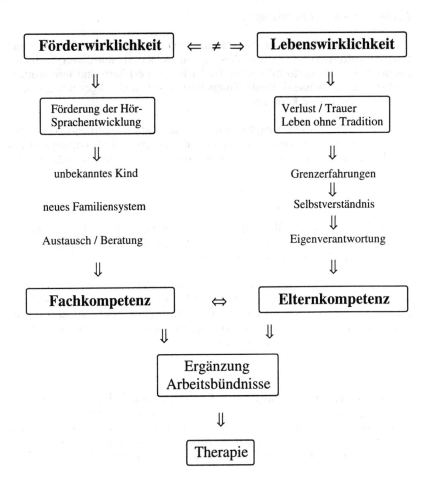

Beratung

Erst ein intensiver Austausch des Ist-Zustandes mit den Eltern ermöglicht mir als Therapeutin das Einstellen auf das neue, mir unbekannte Familiensystem, das gefühlsmässige Mit-der-Familie-Sein und somit die Bereitung des Bodens für die ersten fruchttragenden Beratungsgespräche.

Therapeuten dürfen bei den Beratungsgesprächen nicht vergessen: Die Eltern bedürfen ausschliesslich der *fachlichen* Beratung, damit sie die neue und ihnen unbekannte Aufgabe als Eltern und Förderer ihres hörbehinderten Kindes relativ autonom ausführen können. *So viel Fachhilfe wie nötig, so viel Selbsthilfe wie möglich!*

93

Fachkompetenz – Elternkompetenz

Den Eltern echte Partner zu sein, verlangt von den Therapeuten das Verfügen über ein differenziertes Fachwissen. Je souveräner wir mit dieser Fachkompetenz umgehen, desto hilfreicher sind wir für die Eltern und ihre Kompetenz (Erfahrungswissen). Beide Kompetenzen sollten gleichgewichtig und ergänzend zum Tragen kommen.

Eine gegenseitige Ergänzungsbedürftigkeit auf partnerschaftlich-kooperativer Ebene hebt die Autonomie der Beteiligten nicht auf: Die Fachperson behält ihre fachliche Kompetenz, die Eltern behalten ihre elterliche Kompetenz. *Die Fachperson soll Fachperson bleiben, die Eltern sollen Eltern bleiben.*

Arbeitsbündnisse

Die Festlegung der Fördermethoden und der nächsten Förderziele für die Therapiestunden und den Familienalltag bilden in dieser Phase der Zusammenarbeit den Inhalt der Arbeitsbündnisse.

Das Fachwissen der Therapeuten befähigt diese, den Eltern fachlich beratend zur Seite zu stehen; im Sinn von MARIA MONTESSORI: "Hilf mir, es selbst zu tun." (ELISABETH HAINSTOCK, 1973) In Wechselwirkung dazu steht das Elternwissen um die ureigenen Bedürfnisse der Familie und die aus dem Alltag erworbenen Kenntnisse über ihr Kind.

Therapie

Die regelmässigen Therapien durch die Therapeuten und die tägliche Arbeit der Eltern (auf ihre, ihnen entsprechende Art und Weise) bewirken eine dem Kind angepasste oder noch besser 'massgeschneiderte' Förderung. Sie steht und fällt aber mit einem beständigen Austausch und einer bewusst reflektierten Kooperation aller an der Betreuung des Hörbehinderten Beteiligten.

Gründe, die eine Kooperation erschweren können

Obwohl Fachleute wie Eltern eine Kooperation anstreben, scheitert sie häufig oder wird gar nicht erst entwickelt. Viele oft unbesehene Schwierigkeiten liefern die Ursache hierfür. Bewusst gemachte Schwachstellen können vor teilweise verwirrenden Unklarheiten schützen. Die Art der Zusammenarbeit wird verständlich, und alle Beteiligten können eine klare, offene Haltung einnehmen. *Klarheit, Offenheit und Ehrlichkeit sind drei entscheidend wichtige Grundelemente für eine gute Zusammenarbeit.* Wodurch können Verunsicherungen oder Schwierigkeiten ausgelöst werden?

Grosses Förderangebot

Es bestehen verschiedene therapeutische, soziale und pädagogische Fördermöglichkeiten. Dieses breitgefächerte Angebot kann bei den Eltern eine Überforderung auslösen; die einzelnen Systeme greifen zu stark in den familiären Lebensalltag ein. Zu reichhaltige Therapieangebote haben die Tendenz, übermächtig zu werden und sich zu verselbständigen. Die Eltern springen mit Ihrem Kind nur noch von einem Ort zum andern und verlieren dadurch ihre Autonomie.

Zusätzliche Erschwernisse bereiten den Eltern die vielen verschiedenen und unterschiedlichen Beratungen. Hier droht der Glaube an die eigenen Fähigkeiten verlorenzugehen.

"Nachdenkliche Eltern oder kritische Eltern, die ihre Elternfunktion ganz oder relativ ungeschmälert erhalten und behaupten wollen, spüren selber, dass diese äusseren Entlastungen durch öffentliche Hilfe auf eine Aushöhlung der eigentlichen Elternkompetenz hinauslaufen. Sie fühlen sich der Gefahr einer wachsenden Entmündigung und Bevormundung ausgesetzt." (OTTO SPECK, 1991)

Fachsprachen

Therapeuten, Ärzte und Pädagogen sprechen eine Sprache, die für viele Eltern ungewohnt ist. Diese Fachsprachen machen den Eltern die therapeutisch-pädagogischen oder medizinischen Massnahmen oft undurchschaubar, und sie kennen sich in dem System der öffentlichen Hilfen kaum mehr aus. Sie sind unsicher über die Hintergründe der erfolgten Therapien und können bei den ihnen auferlegten Entscheidungen das Für und Wider fast nicht abwägen. Das bedingt ein Angewiesensein auf fachliche Unterstützung und führt oft in eine Unselbständigkeit und Abhängigkeit.

Überlastung

Die Therapeuten und Fachleute sind zeitweise überlastet und nehmen sich aus diesem Grund nicht genügend Zeit für eine kooperative Elternarbeit und Beratung. Überlastete Therapeuten können Eltern schwerlich entlasten.

Machtposition

Fachleute setzen sich der Gefahr aus, zu viel 'Gewicht' oder Macht zu erhalten. Sie sind es gewohnt zu diskutieren, Meinungen zu artikulieren und zu vertreten und geraten somit schnell in eine Überlegenheitsposition. Eltern wird geraten, sich in diesen Situationen nicht als Laien zu empfinden; sie sind die besten Kenner ihres Kindes! Ihre Elternkompetenz steht der Fachkompetenz nicht hintan, sie hat keinen geringeren Stellenwert.

Unterschiedliche Bedürfnisse, Norm- und Wertvorstellungen

Nicht jede Fachperson hat das Bedürfnis oder das Flair für intensive Elternarbeit. Aber auch nicht alle Eltern verspüren das Verlangen nach intensiver Beratung und persönlicher Auseinandersetzung. Diese aus verschiedenen Norm- und Wertvorstellungen ausgelöste persönliche Situation der Beteiligten kann Spannungen verursachen, die sich meist negativ auf die Arbeit mit dem Kind auswirken. Gespräche im dialogischen Sinn helfen hier, verbindende Brücken zu schlagen. Wir Therapeuten und auch die Eltern sollten Verständnis für die 'Andersheit des Anderen' (BUBER) aufbringen; bei nicht behebbaren Differenzen dürfte allenfalls ein Wechsel des Therapeuten von Vorteil sein.

Lebenswirklichkeit – Therapeutenwirklichkeit

Die grössten Schwierigkeiten einer kooperativen Zusammenarbeit liegen wohl in der schon vorgängig beschriebenen Verschiedenartigkeit der Lebensumstände beider Parteien. Es stossen zwei Wirklichkeiten, zwei Welten aufeinander: die Realität der Eltern (Lebenswirklichkeit) und die Realität der Fachpersonen (Therapeutenwirklichkeit). Beide Wirklichkeiten unterscheiden sich stark voneinander. Auf das Kind und seine Familie bezogen ist die Lebenswirklichkeit der Eltern emotionaler und subjektiv geprägt, sie wirkt ganzheitlicher. Die Therapeutenwirklichkeit dagegen ist hauptsächlich fachlich orientiert, distanzierter und nur ausschnitthaft. Es braucht aber beide Komponenten! Legen die Eltern das Schicksal ihres behinderten Kindes in die Hände der Fachpersonen, geht das Potential der Elternkompetenz verloren.

Welche beidseitigen Beiträge werden benötigt, damit die Elternwirklichkeit und die Therapeutenwirklichkeit *miteinander* zum Tragen kommen? Wie können ein gegenseitiger Austausch und ein gutes Verhältnis zueinander ohne den Verlust der je eigenen Persönlichkeit entstehen?

Bedingungen für eine konstruktive Zusammenarbeit

Problemlösung

Eine fruchtbare Zusammenarbeit basiert auf gegenseitigem Verstehen. Bei einem Problem sollten wir Kurzschlusslösungen vermeiden und den folgenden Weg beachten:

1. Problem: Wir beschreiben die Sachlage –
                "Was ist vorgefallen?"

2. Sehen: Wir betrachten das Geschehene –
                "Was heisst das z. B. für mich?"

3. Verstehen: Wir versuchen den Anderen zu verstehen –
                "Wie denken Sie darüber?"

4. Annehmen: Wir nehmen die Tatsache an –
                "Aha, so ist das!"

5. Verändern: Jeder muss seine Möglichkeiten der Veränderung finden –
                "Meine Lösung besteht darin, dass ..."

Bei den Veränderungsvorschlägen geht es nicht um die Artikulation der Erwartungen an den Anderen. Wir probieren miteinander zu definieren, was jeder persönlich verändern kann oder allenfalls nicht kann, wozu jeder bereit ist oder sich abgrenzen möchte.

Diese Gespräche sollen im Sinn von sich ergänzenden Meinungen geführt werden. Schwierigkeiten und Reibungen sind natürliche Begleiterscheinungen, denen wir nicht ausweichen dürfen. Dazu gehört auch die Akzeptanz des Unsagbaren und Unlösbaren in angemessener Zurückhaltung.

Rollen- und Kompetenzbewusstsein

Eine der wesentlichen Voraussetzungen ist die Bereitschaft der Therapeuten und der Eltern, über ihre je eigenen Kompetenzen und Rollen zu reflektieren und sie auch gegenseitig zu respektieren.

Die Eltern tragen mit ihren Möglichkeiten und Grenzen die Eigenverantwortung für ihr Kind. Oft meinen Therapeuten, den Eltern Entscheidungen abnehmen zu müssen. Leider wird dabei leicht vergessen, dass zu jeder sinnvollen Entwicklung die selbsterfahrenen Irrtümer gehören.

Klarheit – Offenheit

In der kooperativen Zusammenarbeit werden, im Sinn von Arbeitsbündnissen, gemeinsam klare Ziele für das behinderte Kind formuliert.

In bezug auf die Methodenwahl sollte Einigkeit bestehen. Das bedingt eine umfassende Aufklärung über andere Methoden und Schulen von seiten verschiedener Fachleute (in Form von Literatur, Schulbesuchen, Vorträgen etc.); nur so sind der individuellen Situation angepasste Eigenentscheidungen der Eltern möglich.

Haltung

Die *Achtung der Eigenart* der anderen Persönlichkeit ist unumgänglich.

"Die Einen sollen von den Anderen verschieden sein, das ist es ja, was diesen Reichtum ausmacht, verschieden und unterschieden! Das Gleichmacherische ist noch immer das Diktatorische gewesen!" (ARON BODENHEIMER, 1981)

Die Motivation unseres Engagementes ist sehr entscheidend. Wir sollten wissen, für wen wir uns so einsetzen: Für uns oder für die hörbehinderten Kinder? Machen wir etwas ausschliesslich für uns persönlich, laufen wir Gefahr der emotionalen Überreaktion, wirken aggressiv und erzeugen damit beim Gegenüber Widerstand.

Es gibt keine Methode und erst recht kein Patentrezept für die Zusammenarbeit zwischen Eltern und professionellen Mitarbeitern, die beiden Parteien gerecht werden können. Jeder Mensch reagiert anders, ist einzigartig, nicht ersetzbar, nicht vergleichbar:

"Jeder Mensch ist ein einmaliges Wesen, mit einer einmaligen Chance, seinen einmaligen Weg zu gehen." (MARTIN BUBER, 1986)

Die Konsequenz aus diesem Zitat besteht darin, dass wir als Fachleute und Sie als Eltern mit einer Haltung leben sollten, die nicht die Veränderung des Gegenübers anstrebt, sondern dieAkzeptanz seiner Andersartigkeit. Das wiederum verweist uns auf die Bewusstwerdung der eigenen Grenzen und auf die Akzeptanz der Fähigkeiten und Möglichkeiten des Gegenübers.

Zusammenfassung

Anhand des Modells der *Früherziehung* habe ich die Zusammenarbeit der Eltern mit den Therapeuten aufzuzeigen versucht. (Bewusst wähle ich den Begriff 'Eltern', obwohl in den meisten Institutionen der Frühbetreuung hauptsächlich Mütter die Ansprechpartner der Therapeuten sind. In den letzten Jahren meiner Praxis zeichnet sich allerdings die Tendenz einer Rollenteilung ab: Zunehmend mehr Väter beteiligen sich aktiv an der Betreuung und Förderung ihres hörbehinderten Kindes. Erfahrungen meinerseits zeigen, dass sich diese Mitarbeit positiv auf das Familiensystem und natürlich auch auf die Entwicklung des behinderten Kindes auswirkt). In den ersten Jahren der Frühbetreuung werden die Grundlagen gelegt. Die in dieser Zeitspanne gesammelten Erkenntnisse prägen das spätere Verhalten von Eltern und Therapeuten. Hier werden die Weichen gestellt für eine engagierte Mitverantwortung (oder ein resigniertes Sich-Zurückziehen). Vor dem Schuleintritt, sei es in die Regelschule oder in die Sonderschule, werden die Eltern erneut mit der Hörbehinderung ihres Kindes konfrontiert; es müssen Entscheidungen getroffen werden. Entscheidungen, die das Leben des Kindes prägend mitbestimmen. Diese Zeit erleben die meisten Eltern bewusst als einschneidend, und sie fühlen sich wiederum aufgerufen, eine Standortbestimmung im schon zu Beginn erwähnten Sinn zu machen:

- Mut zur Realität
- Mut zu Visionen
- Mut zur Veränderung

Unsere hörbehinderten Kinder benötigen eine tatkräftige Mitarbeit der Eltern und eine fundierte Unterstützung seitens der Fachkräfte, damit sie durch die Integration in die Welt der Hörenden *und* der Hörbehinderten ein erfülltes, ihnen entsprechendes Leben führen können!

Elternarbeit konkret erlebt[15]
Hanni & Hans Arnold-Räber

Im folgenden möchen wir Ihnen einen Einblick geben, wie wir die Elternarbeit verstehen, wie wir Elternarbeit bis jetzt erlebt haben und wie wir sie uns künftig vorstellen. Wir möchten dabei hauptsächlich die Problematik der Elternarbeit in der Frühbetreuung und integrativen Betreuung behandeln, so, wie wir es zur Zeit mit unseren Kindern erleben. Gestatten Sie, dass wir Ihnen unsere Familie kurz vorstellen: Wir sind eine fünfköpfige Familie und wohnen in einer Mietwohnung in Stans. Unsere Kinder: Marcel, neun Jahre alt, geht nun in die 3. Primarklasse. Eveline, siebenjährig, hat die 1. Klasse begonnen und Oliver, drei Jahre alt, unser Jüngster, ist auch bei uns zuhause.

Die Problematik von zwei Sinnesbehinderungen

Unsere beiden Söhne, Marcel und Oliver, sind behindert; die Behinderung nennt sich *Usher-Syndrom*, dies ist eine gekoppelte Hör- und Sehbehinderung.

Usher-Syndrom ist eine vererbbare Krankheit, bei der die Schwerhörigkeit zusammen mit einem zunehmenden (progressiven) Sehverlust auftritt. Die Sehbehinderung heisst in der Fachsprache *Retinitis Pigmentosa (RP)*. Der Begriff beschreibt eine Gruppe von Erbkrankheiten in der Augennetzhaut, in der die vom Licht empfangenen Eindrücke in Nervensignale umgesetzt werden. Bei RP degeneriert die *Netzhaut (Retina)* langsam und kann dadurch die Bilder nicht mehr vollständig an das Gehirn weiterleiten. Die Folgen davon sind: Gesichtsfeldeinschränkung, vermindertes Hell-Dunkelsehen (Nachtblindheit) und erhöhte Blendempfindlichkeit. Die Probleme liegen vor allem im

---

15 Das Referat wurde an der APPLETREE-Tagung 'Elternarbeit konkret' im September 1993 in Chur gehalten.

Orientierungsvermögen, ab etwa sechs Meter Distanz kann Marcel uns nicht mehr von anderen Menschen unterscheiden, und im Verkehr (Strasse überqueren) ist er auf fremde Hilfe angewiesen. Der Visus, also das noch vorhandene Sehvermögen, beträgt zur Zeit mit Hilfsmitteln (Brille, Monokular, Lampen etc.) ca. 25 bis 30 Prozent; allerdings ist mit einer zunehmenden Degeneration des Sehvermögens zu rechnen, was wir teilweise jetzt schon feststellen müssen. Bei der zweiten Behinderung, der Hörbehinderung, wurde ein Hörverlust bis zu 60 dB, vorwiegend im Hochtonbereich (1.5 bis 4 kHz), festgestellt.

Wir sehen also, es geht hier um die Problematik von zwei Sinnesbehinderungen, also der Hör- und Sehbehinderung. Die Folge davon ist, dass wir uns nach zwei verschiedenen Orten orientieren müssen: es sind also zwei Fachärzte, zwei Therapeuten, zwei Sonderschulen, zwei Hilfsmittelspezialisten, zwei Elternvereinigungen ...

Wir stellten bald fest, dass wir in beiden Bereichen der Hör- und Sehbehinderung jeweils hervorragende Spezialisten fanden, doch das Problem war und ist es heute noch, dass es eben Spezialisten in ihrem angestammten Fachgebiet sind, entweder der Hörbehinderung oder der Sehbehinderung. Es fehlte schlichtweg an einer Koordination.

Auf der Suche nach einer geeigneten Koordinatorin oder einem Koordinator trafen wir sehr gute, fähige Persönlichkeiten, die uns beraten und aufmuntern konnten – doch waren diese Personen meist sehr überlastet. Andere, die zur Verfügung standen, waren leider 'nur' in ihrem eigenen Fachgebiet ausgebildet und trauten sich schwerlich zu, Verantwortung für ein neues/anderes Fachgebiet zu übernehmen.

Es blieb uns nichts anderes übrig, als die Koordinationsarbeit selber in die Hand zu nehmen. Dabei liessen wir uns immer wieder vom Grundsatz der ganzheitlichen Beurteilung unserer Kinder, mit ihren Stärken und Schwächen, sowie der Zielsetzung der Integration (in die Regelschule) leiten. Unser Motto lautet: *Wir wollen, dass unsere Kinder einmal selbständig werden und lernen, sich selber zu spüren und auf sich selber zu vertrauen!*

Bausteine der Frühbetreuung

Informationsmappe

Bereits in der ersten Therapiestunde erhielten wir eine *Informationsmappe*. Dies ist ein Nachschlagewerk, eine Orientierungshilfe und gibt uns immer wieder einen gewissen Halt, ein bisschen Boden unter den Füssen im Neuland der Hörbehindertenwelt. In dieser Mappe fanden wir Adressen vom Elternverein, von verschiedenen Spezialschulen und Institutionen für Hörbehinderte. Wir hatten also die Möglichkeit, in unserem Tempo Kontakte zu knüpfen.

Die ebenfalls enthaltenen Richtlinien und Aktivitäten des Elternvereins informierten, was bereits erarbeitet wurde, wie z. B. Empfehlungen über Früherziehung bis zur Berufsausbildung. Diese Informationen waren mir persönlich schon ganz von Anfang an wichtig; dadurch erhielt ich eine möglichst realistische Vorstellung, in welche Richtung sich mein Kind entwickeln könnte.

Im weiteren enthielt die Mappe Informationen über Sonderschulen und ähnliche Institutionen in der Schweiz. Wir stellten fest, dass diese Institutionen und Schulen unterschiedliche Unterrichtsformen anbieten: dies hat uns sehr zuversichtlich gestimmt. – Hörbehindertes Kind ist nicht gleich hörbehindertes Kind. – Die Kinder sind verschieden und brauchen verschiedene Unterrichtsformen. Ich hoffe sehr, dass sich die teils konkurrenzierenden Schulen weiterentwickeln und ergänzende Schulen werden. Als Eltern verunsichert, blockiert oder ärgert uns sogar das Konkurrenzdenken dieser Schulen bezüglich der Unterrichtsmethoden.

Ebenfalls sind allgemeine Ratschläge der Therapeutin in dieser Mappe enthalten. Es sind für mich Leitsätze, eine Richtschnur auf meinem Weg mit dem behinderten Kind. Wenn ich nach einiger Zeit diese Ratschläge wieder durchlese, stelle ich fest, dass wir Fortschritte gemacht haben und sich auch mein Einsatz lohnt, denn stetig sind einige dieser Ratschläge zu unserer Gewohnheit geworden. Am Anfang war es z. B. sehr ermüdend, Gedanken, Hintergründe, Erklärungen, Beweggründe immer verbal auszudrücken. Heute schmunzle ich natürlich, wenn ich Marcel und Eveline höre, wie sie ihrem jüngeren Bruder jede Einzelheit bis ins kleinste Detail erklären; die älteren Kinder leben die Therapie.

Weiterbildung für die Eltern

Um überhaupt kompetent mitentscheiden zu können, brauchen wir Eltern eine möglichst breit abgestützte *Weiterbildung*. Zum passenden Entwicklungsstand unseres Kindes konnten wir regelmässig Mäppchen mit Fachliteratur ausleihen. Damit wurde uns eine grosse Arbeit abgenommen. Wir müssen also nicht mühsam geeignete Literatur suchen oder beschaffen. Gerade mit kleinen Kindern hat man oft zuwenig Zeit, ein ganzes Buch zu lesen. Einige Seiten überfordern uns nicht, und die Wirkung ist auch optimaler.

Durch den Elternverein und ein- bis zweimal jährlich durch die Audiopädagogin werden uns Fachvorträge angeboten, teils erzieherisch, teils technischer Art. Aus den diversen Themen habe ich zwei Beispiele ausgewählt, um Ihnen zu zeigen, dass diese Vorträge uns Eltern oft einen entscheidenden Schritt weiterbringen.

'Spezielle Familiensituation mit einem behinderten Kind'

Am Anfang erlebten wir eine sehr eindrückliche Meditation. Wir versetzten uns in ein Boot mit unserer Familie und beobachteten genau, wer welche Position innehatte. Ich sah mich damals ganz verbissen rudern und Marcel, zuvorderst im Schiff, gab die Richtung an wie ein Admiral. Diese Verbissenheit hat mich so betroffen gemacht, dass ich gar nicht darum herum kam, an mir zu arbeiten. Heute würde ich meine Situation eher so sehen: mit gesetzten Segeln, Geduld und viel Lebensfreude steuern wir gemeinsam in die richtige Richtung.

'Wie gehe ich mit der Eifersucht der nichtbehinderten Geschwister um?'

Dieser Vortrag half mir aus dem Teufelskreis heraus, ständig das Zukurzkommen unserer mittleren Tochter zu kompensieren (was sie natürlich genau spürte). Heute weiss ich, dass sie überhaupt nicht zu kurz kommt; sie erlebt nämlich eine Familie, die – gerade *weil* wir zwei behinderte Kinder haben – gezwungen ist, sich stets weiterzuentwickeln, also lebendig und interessant ist.

Ganz wertvoll für uns waren immer wieder die Elterntagungen. Hier greife ich nur ein Thema heraus: *'Was ist echte Integration?'* Enorm beeindruckt haben uns die Lebensfreude und das ungeheure Engagement der selbstbetroffenen, hörgeschädigten Eltern. Das gab uns den Mut, unsere Aufgabe optimistisch anzupacken.

Erstmals kamen wir damals auch in Kontakt mit hörgeschädigten Jugendlichen. Ihre Erlebnisberichte erlaubten uns, das Leben mit einer Hörbehinderung besser zu erspüren. Ich lernte damals, wie wichtig es ist, unser Kind in seiner Ganzheit zu sehen.

Auch anwesende Fachkräfte waren für uns sehr wichtig. Durch ihre und unsere Offenheit profitierten wir sehr viel voneinander. Öfter haben wir unsere Therapeutin an solchen Tagungen und Vorträgen angetroffen; wir konnten somit sofort gegenseitig unsere Eindrücke austauschen. Einmal diskutierten wir an einem Elternabend, der von unserer Therapeutin organisiert wurde, über das an der Elterntagung behandelte Thema.

Wir haben viele Tagungen besucht und kehrten immer mit sehr guten, motivierenden Eindrücken nach Hause zurück, nicht zuletzt auch wegen der vielen persönlichen Gespräche während der Pausen. Ganz besonders gut tat es uns, in der schwierigen Anfangszeit von bereits erfahrenen Eltern Verständnis für unsere momentane Situation zu spüren und ihren Optimismus aufzunehmen: "Es lohnt sich, es ist eine tolle Aufgabe!" Unsere Therapeutin motivierte uns auch, an Fachtagungen für Therapeuten und Lehrkräfte teilzunehmen. Um wirklich gut und echt zusammenarbeiten zu können, müssen wir den momentanen Entwicklungsstand und die Schwierigkeiten des anderen kennen.

Begleitung in der neuen Familiensituation

Die Grundlage, dass wir Eltern überhaupt fähig werden, unseren Beitrag an der Erziehung und Leitung unserer hörbehinderten Kinder zu leisten, also echt Mutter und Vater zu sein, bildet die durchlebte Trauerarbeit. Mit einer kompetenten Begleitung ist in dieser neuen Familiensituation mit einem behinderten Kind besser zurecht zu kommen.

Bei Marcel war ich so traurig, weil mein vermeintlich gesundes Kind plötzlich als behindert diagnostiziert wurde. Der Gedanke, es könnte eine Fehldiagnose sein, beschlich mich immer wieder, obwohl die Hörbehinderung auch für mich offensichtlich war. Ich versteckte die Hörgeräte unter Marcels Haaren.

Obwohl ich theoretisch (aus Büchern) um die Folgen der nicht geleisteten Trauerarbeit wusste, nahm ich mir dafür keine Zeit und bin in eine Überaktivität geflohen. Ich fühlte mich als sehr gute Mutter, die etwas tat für ihr Kind. Aber tat ich es wirklich für mein Kind?

Und die Folgen? Marcel glaubte, es sei überhaupt nichts an ihm in Ordnung; er brauchte ja so viel Therapie. Ich war mehr Therapeutin als Mutter. Marcel, vier Jahre alt, blockierte und zog sich von seinen Kollegen völlig zurück. Er zog sich sogar sprachlich zurück. Darauf musste ich endlich reagieren.

Ich machte während eines Jahres immer wieder ausgedehnte Ferien, ohne jegliche Therapie, bis sich unsere verkrampfte Situation gelöst hatte. Ich lernte, Marcel wieder als Kind zu sehen, und er hatte mich wieder als Mutter. Er machte darauf riesige Fortschritte und fand wieder zu seiner Fröhlichkeit und Selbstsicherheit zurück. *Meine Flucht nach vorn (Überaktivität) machte unser Kind behinderter als es in Wirklichkeit war.*

Ich fühlte mich damals aber sehr alleine gelassen. Die einen bewunderten mich, die andern bemitleideten mich, aber niemand begleitete mich. Damals, vor sechs Jahren, leitete der Therapeut 'nur' die Sprachentwicklung des Kindes.

Ein weiteres Beispiel an unserem jüngeren behinderten Kind: Ich erledigte die Therapiearbeiten und Abklärungen sofort problemlos, ich war ja bereits eine erfahrene Mutter. Aber als uns der Therapeut provisorische blaue Hörgeräte anpassen wollte, war ich höchst schockiert. Einen Monat später, Oliver war sechs Monate alt und sehr fasziniert darüber, was da Tolles in seinen Ohren steckte, zerlegte er die Hörgeräte und warf sie fort. In der Folge suchte ich beige Hörgeräte auf beigem Teppich und abgetrennte durchsichtige Ohrstücke. Die Hörgeräte wurden dadurch für mich auch zu dem, was sie wirklich sind: ein unentbehrliches technisches Wunderding.

Fazit: Auch eine gute Mitarbeit der Eltern heisst noch lange nicht, dass wir die Behinderung bereits verarbeitet, angenommen, ich sage dem 'integriert' haben.

Ebenso erging es mir mit dem weissen Stock. Erst als Marcel ihn sich zu Weihnachten und im Mai auch noch auf den Geburtstag wünschte, verarbeitete ich die Trauer, die für mich immer noch damit verbunden war, und gab seinem Wunsch nach, endlich alleine die Strasse zu überqueren, um selbständig im Laden etwas einzukaufen.

Gerade unvorhergesehene Veränderungen oder fortschreitende Behinderungen zwingen uns Eltern immer wieder zum Loslassen, Annehmen, Verarbeiten. Auch jedes Hilfsmittel, das neu dazukommt, muss verarbeitet werden.

Natürlich weiss jede Mutter, dass ein Hilfsmittel die Situation des behinderten Kindes verbessert. Solange aber noch Trauer damit verbunden ist, befindet sie sich dauernd in einer Art Stress-Situation. Das Gefühl verneint das Hilfsmittel, und der Kopf sagt ja. Gerade Kinder haben feine Sensoren und spüren ganz genau, dass ihre Mutter etwas an ihnen nicht annehmen kann. Ich kann Eltern und Therapeuten nur ermuntern, diese Herausforderung anzunehmen. Erst danach ist man fähig, die wertvolle Ergänzung, die eine Behinderung uns gibt, richtig zu geniessen. Dank der Begleitung bei Oliver durch die Therapeutin nahm ich mir auch wirklich Zeit für meine Trauerarbeit. Die Gespräche, Standortbestimmungen und Fragen: Wo stehen wir heute? Was hat sich verändert? Wie kommen Sie zurecht mit Haushalt, Geschwistern, Partner und behindertem Kind? waren damals am wichtigsten. Ich erarbeitete mir so die Grundlage zu einer optimistischen Natürlichkeit in Umgang und Erziehung mit dem behinderten Kind.

Neue tragende Beziehungen schaffen – Intensivtag

Eine wichtige Voraussetzung, um Eltern wirklich begleiten zu können, ist natürlich eine gute Beziehung zwischen Therapeut und Eltern. Eine geeignete Möglichkeit, neue Beziehungen zu schaffen, sehe ich den Intensivtagen in Hohenrain.

Beziehung Eltern/Therapeut:

Einige Stichworte zur Beziehung Eltern/Therapeut: Offenheit (beidseitig), Vertrauen schaffen, den andern in seiner Eigenart annehmen, sich gegenseitig ergänzen, eine partnerschaftliche Beziehung zum Wohle des hörbehinderten Kindes aufbauen. Der Therapeut ist dem Spezialisten, die Eltern dem Allgemeinpraktiker vergleichbar. Der eine nicht ohne den andern.

Gerade durch die doppelte Sinnesbehinderung erkannte ich, wie wichtig meine Rolle als Mutter ist. Ich habe eine ganzheitlichere Sicht als die vielen spezialisierten Therapeuten. Sie sahen Marcel aus ihrem speziellen Blickwinkel, meist nur in einer Arbeits- oder Lernsituation. Der Therapeut wechselt mitunter plötzlich seine Stelle, ein anderer muss sich einarbeiten; vieles ist schriftlich niedergelegt, aber doch ist es nur ein kleiner Teil. Die Mutter hingegen hat die ganze Entwicklung miterlebt.

Beziehung Eltern/Institution:

Ein- bis zweimal jährlich treffen sich ca. sechs Kinder mit ihren Müttern – und – wenn möglich – Vätern mit der Therapeutin zu einem Intensivtag in der Sonderschule in Hohenrain. Die Kinder sind etwa gleichaltrig, ein- bis dreijährig. Dieser Intensivtag ist aus verschiedenen Gründen sehr wertvoll, z. B. lernt man so ganz nebenbei die Sonderschule kennen. Wir sahen Sonderschüler in den Pausen fröhlich zusammen spielen. In der Mittagspause assen wir in der Kantine. Im weiteren hatten wir auch genügend Zeit während des ganzen Tages für Gespräche über Therapie und andere Themen.

Bei kleineren Kindern ist die Anlaufzeit, bis sie bei einem Spiel wirklich mitmachen, oft sehr lange. Das Kind profitiert natürlich auch viel mehr, wenn es fröhlich und gelöst mitspielt. Mir als Mutter tut es gut, dass die Therapeutin das Kind einmal in einer alltäglichen Situation erlebt. So lohnt sich sicherlich auch ein langer Anfahrtsweg.

Beziehung Eltern/Eltern:

Oft ist der Intensivtag für Eltern und Kind die erste Zusammenkunft mit ebenfalls betroffenen Eltern gleichaltriger Kinder. Ich jedenfalls geniesse es immer sehr, einmal einen ganzen Tag nur mit einem meiner drei Kinder zu verbringen.

Identitätsfindung – Bastelnachmittag in Meggen

Zweimal jährlich treffen sich Mütter mit integrierten hörbehinderten Kindern und deren Geschwister in Meggen. Diese Nachmittage helfen sowohl der Identitätsfindung der integrierten Kinder, als auch jener der Geschwister.

Bei Marcel war das der erste wirkliche Kontakt zu ebenfalls hörbehinderten Kindern; er war damals ca. fünf Jahre alt. Eveline (unser zweites, nicht hörbehindertes Kind) ist heute noch ganz begeistert, dass auch sie mitkommen darf und so ernst genommen wird wie ihre Brüder. Sie weiss inzwischen auch, dass sie nicht die einzige ist, die behinderte Geschwister hat.

Es reicht auch immer für einen Kaffee und ein kurzes Gespräch, das meistens eher eine Vorstellungsrunde unter den Müttern ist. Dazu wird gemeinsam etwas gebastelt, und die Zeit vergeht dabei schnell.

Mütternachmittagstreff

Regelmässig, ca. alle zwei Monate, treffen wir Mütter uns an einem Nachmittag. Wir wählten die Sonderschule Hohenrain als Treffpunkt nach dem Motto: je besser man eine Einrichtung kennt, desto wohler fühlt man sich dort.

Das Treffen findet ohne Therapeuten statt. Wir sind eine kleine Gruppe; in einer zu grossen Gruppe ist es schwieriger, persönliche Themen anzuschneiden. So sehen wir unseren Mütternachmittagstreff als Ergänzung zum Elternverein. Was für das Therapeutenteam eine Teamsitzung oder Supervision, das ist für uns Frauen eben dieser Müttertreff.

Wichtig für mich ist, einmal einen freien Nachmittag auch für mich zu organisieren, das heisst, eine Betreuerin für meine Kinder zu suchen und die Betreuungsaufgabe nicht schon wieder auf meinen Mann abzuwälzen. Man darf nie vergessen, wenn wir zur Therapie gehen, brauchen wir oft jahrelang regelmässig eine Betreuung für unsere gesunden Kinder. Anreise, Organisation der Kinderbetreuung etc. benötigen Zeit, meistens bis zu einem halben Tag.

Einzeltherapie

Einzeltherapie verstehe ich hier auf das Kind bezogen. Es ist mir ganz wichtig, dass die Therapeutin nicht nur den sprachlichen Entwicklungsstand beobachtet. Durch das Vademecum, eine Art Entwicklungstest, können wir regelmässig den Entwicklungsstand in allen Bereichen gemeinsam feststellen und auswerten. Eine möglichst umfassende und realistische Sichtweise ist für Therapeutin und Eltern nur von Vorteil. Die Einzeltherapie findet zeitweise bei mir zuhause statt. Vorteil dieses Standortes: das Kind ist in seiner vertrauten Umgebung meistens zutraulicher, es ist nicht schon müde vom Anfahrtsweg, und die Mutter wird erheblich entlastet. Wir führen ein Tagebuch mit Zeichnungen von erlebten Situationen. Es ist sehr beliebt bei unseren Kindern, mehr als das Fotoalbum. Damit nicht jede Mutter alles neu erarbeiten muss, kopiert unsere Therapeutin Zeichnungen von den talentierteren Frauen oder sie unterstützt uns mit vielen Ideen. Manchmal beginnen wir bereits gegen Ende der Therapiestunde, diese Ideen zeichnerisch wiederzugeben.

Spielgruppe für die Kleinsten

Das gemeinsame Spiel mit gleichaltrigen Kindern wirkt motivierend. Wir treffen uns daher alle zwei Wochen zur Spielgruppe für Kleinste. Die Spielgruppe dauert zwei Stunden inklusive Sirup-Pause. Diese Pause ist sehr wichtig für die Kinder. Sie beginnen dabei bereits mit der ersten Kommunikation, indem sie sich gegenseitig bewirten.

Wir können den Entwicklungsstand verschiedener, gleichaltriger Kinder beobachten, und die Spielgruppe fördert das Sozialverhalten. Einmal stellten wir einen Tagesplan her, einerseits, um das Kind auf kommende Aktivitäten der Familie vorzubereiten, andrerseits aber auch, um die Ausdrücke 'Morgen, Mittag, Abend' oder 'gestern, heute, morgen' einzuüben. Aus dieser Spielgruppe haben sich bereits die Eltern zu einem Freundschaftsbesuch auf dem Bauernhof einer Familie getroffen. Die Kinder waren so fröhlich und ausgelassen und haben zudem gleichzeitig den ganzen Bauernhof kennengelernt.

Integrative Betreuung

Stützunterricht

Unter Stützunterricht verstehen wir Gespräche, Standortbestimmungen und Zielsetzungen in Zusammenarbeit mit Eltern, Therapeuten und Lehrern. Daraus resultieren spezielle Förderstunden für das behinderte Kind. Dazu gehören auch Abklärung über Beschaffung von speziellen Hilfsmitteln für die Schule sowie Unterstützung des Regelschullehrers bei behindertenspezifischen Problemen.

Ein Beispiel eines Jahresziels oder Spezialziels:

Marcel lernte in der 1. Klasse Maschinenschreiben. Statt Schrägschrift in der 2. Klasse, lernte er den Umgang mit dem Computer. Trotz fortschreitender Sehbehinderung kann er nun im Schreibtempo der nichtbehinderten Schüler mithalten. Sollte sich das Sehvermögen plötzlich drastisch verschlechtern, ist der Computer bereits eingeübt und müsste nicht in einer psychisch schwierigen Phase erlernt werden. Die Zusammenarbeit ergab sich wie folgt: Die Therapeutin brachte die Erfahrung ein: Schrägschrift wird von Sehbehinderten mit fortschreitendem Sehverlust meistens aufgegeben. Der Klassenlehrer half uns, den idealen Zeitpunkt zu wählen unter Berücksichtigung von Schulstoff und Marcels Leistung. Wir Eltern wussten, dass der Mehraufwand für Marcel zu diesem Zeitpunkt leicht zu verkraften war, weil die Ergotherapie während dreier Monate ausfiel. Momentan erarbeiten wir uns ein Computerlernziel für die 4. Klasse.

Weiterbildung

Die Weiterbildung für Lehrpersonen in Hohenrain ist eine Information von Fachleuten zu Fachleuten. Dabei finden zwangsläufig Gespräche unter Lehrpersonen, ohne Anwesenheit der Eltern, statt. Dies finde ich sehr sinnvoll, damit Regelschullehrer, die sich neu mit der Behinderung eines Schülers auseinandersetzen müssen, auch wirklich zu ihren Ängsten und Bedenken stehen können und darüber Fragen stellen und Informationen austauschen.

Auch Weiterbildung für Eltern mit integrierten Kindern ist eine wertvolle Ergänzung und Horizonterweiterung. Ein Beispiel für spezielle Fachvorträge: 'Das Konzept zur Betreuung hörgeschädigter Kinder in der Regelschule'.

Zusammenfassung

Zum Schluss aus meiner Sicht noch das Wichtigste: Trauerarbeit ist die Grundlage für eine objektive Sicht. Bemühen Sie sich um partnerschaftliche Beziehungen zwischen Eltern, Therapeuten und Lehrern. Scheuen Sie sich nicht als Eltern, auf die Fachleute zuzugehen und aktiv Ihren wichtigen Teil beizutragen. Es hat mich schon immer fasziniert, mit Behinderten zusammenzusein – ihre so andere Welt zu erspüren –, und ich habe sehr viel von ihnen gelernt. Unser Leben hat eine ganz andere Richtung genommen als wir es uns je erträumten. Heute wage ich aber offen, dazu zu stehen, dass unser Leben sicherlich viel abenteuerlicher, lehrreicher und auch faszinierender ist.

Elternarbeit erst als Fiktion
Brigitte Trepp

Ich heisse Brigitte Trepp und wohne mit meiner Familie in Medels im Rhein-
wald, Kanton Graubünden. Unser Heim liegt 1'550 m über Meer. Wir sind
eine fünfköpfige Familie. Unsere drei Kinder sind Bettina (1988), Martin
(1990), Daniela (1992).

Mein Mann und ich bewirtschaften einen Landwirtschaftsbetrieb. Seit Oktober 1991 wissen wir, dass Martin hochgradig schwerhörig ist. Wir wollten es
lange nicht wahrhaben und beeilten uns auch nicht mit den nötigen Abklärungen. Martin trägt seit November 1991 Hörgeräte. Da wir ziemlich abgelegen
wohnen, ist die Situation mit der Therapie etwas schwierig. Wir müssen immer grosse und kurvenreiche Wegstrecken zurücklegen. Es gibt in unserer
Gegend nicht genügend ausgebildete Audiopädagoginnen, was sich bei uns
nachteilig ausgewirkt hat. Da ich zu jener Zeit unser drittes Kind erwartete,
waren wir sehr darauf angewiesen, dass die Therapeutin zu uns nach Hause
kam; zwei bis drei Mal wöchentlich hätten wir uns vorgestellt, das ist aber
nicht möglich. Eine andere Möglichkeit würde ich in einer mindestens zweimal jährlich stattfindenden Therapiewoche – 'Intensiv-Woche' für Eltern –
sehen, das ist derzeit jedoch auch nur ein Wunsch.

Die Ausbildungsmöglichkeit in Audiopädagogik sollte meines Erachtens in
unserem Kanton mehr gefördert werden. Von einem Betreuungssystem, wie
es im vorherigen Referat beschrieben worden ist, können wir bei uns erst
träumen.

Zielsetzungen künftiger Elternarbeit
Ruedi Spielmann

Ergebnisse einer Gruppenarbeit

Eltern, HörgeschädigtenpädagogInnen und RegelschullehrerInnen setzten sich
zusammen, um gemeinsam sinnvolle Zielsetzungen für künftige Elternarbeits-
themata und Folgerungen für die Ausbildung der AudiopädagogInnen sowie
der HörgeschädigtenpädagogInnen zusammenzustellen.[16]

Rollenverständnis

Das Rollenverständnis sollte revidiert werden. Die Therapeuten und Therapeutinnen sollen vermehrt auch die Väter direkt ansprechen und ihnen einen
Teil der Therapieaufgaben überantworten. Dies bedingt einen guten Link
zwischen Eltern und TherapeutIn und eine für alle Seiten annehmbare Vertei-
lung der Kompetenzen und Verantwortung. Das heisst, dass beide Seiten
(TherapeutIn und Eltern) in vielen Bereichen tatsächlich kompetent sind und
Verantwortung tragen können.

Musische Bedürfnisse

Die musischen Bedürfnisse kommen häufig zu kurz. Es muss darauf hin gearbeitet werden, dass alle (auch behinderte) Kinder den ihnen zustehenden musischen Unterricht erhalten. Dies ist leider häufig noch nicht der Fall. Moto-
rische Defekte werden anstandslos therapiert, die musischen Bedürfnisse aber
zum Teil kaum wahrgenommen.

---

[16] Im Anschluss an die Referate der Tagung im September 1993 in Chur.

Selbsthilfe

Gewünscht wird eine *Infomappe*, um den betroffenen Eltern die erste Zeit nach Bekanntwerden der Behinderung ihres Kindes einfacher zu machen: Infos über die Hörschädigung, die möglicherweise daraus resultierende Behinderung, Angaben über Selbsthilfegruppen, Vereine, Beratungsstellen, Behörden usw. Diese Infomappe sollte an Kinder- und ORL-Ärzte – zuhanden der Eltern – abgegeben werden. Dies, damit die Eltern von Anfang an wissen, wohin Sie sich wenden können und wo welche Dienste angeboten werden.

Die Beratungsstelle soll zuerst bei der Bewältigung der Trauerarbeit helfen. Dazu ist die Analyse der Familienumfeldsituation *(das Ökosystem)* durch die Audiopädagogin unerlässlich. Erst dann sollte mit einer Therapie begonnen werden.

Damit die Situation für die betroffenen Eltern einfacher wird, sollte man *Intensivwochen* mit Eltern und Geschwistern organisieren und eine *Bücherliste* verteilen.

Ausbildung der Fachleute

Die Ausbildung der Früherzieherinnen wird als zu kopflastig angesehen. Gewünscht wird mehr Menschlichkeit (Einfühlungsvermögen) und Hilfe bei der Trauerarbeit. Die Frage, warum Eltern bis heute zur Ausbildung als Audiopädagogen nicht zugelassen sind, beschäftigt stark. Gerade die Eltern sind die eigentlichen Experten und müssten darum auch für die Ausbildung zugelassen werden.

Ungleichheit durch geographische Situation

Das Beispiel der Familie Trepp im Bündnerland einerseits und jenes der Familie Arnold-Räber im Kanton Nidwalden andererseits zeigt die unterschiedlichen Voraussetzungen für eine gezielte Eltern- und Lehrerarbeit und damit in der Folge eine Ungleichbehandlung je nach geographischer Lage. Wenn der nächste Therapieort nur schwer zu erreichen ist, sollte der Therapeut mobil sein. Es muss darauf hin gearbeitet werden, dass soviel Fachhilfe wie nötig angeboten und soviel Selbsthilfe wie möglich übernommen wird.

Psychologische Unterstützung

Um die Aufarbeitung der elterlichen Probleme zu erleichtern, sollte eine psychologische Dienstleistungsstelle eingerichtet werden. Zusätzlich erwünscht ist die psychologische Supervision von Eltern- und Therapeutengruppen. Die psychologische Betreuung des Kindes muss ebenfalls sichergestellt sein.

Zukunftsvision von Elternarbeit
Max G.J. Gloor

Gedanken aus der Sicht eines Audiopädagogen und Lehrers an einer Sonderschule für Hörgeschädigte zum Thema 'Elternarbeit'. Lassen Sie mich den Titel 'Zukunftsvision von Elternarbeit' einer kurzen Betrachtung unterziehen. Bei der Vorbereitung dieses Referates konsultierte ich vorsichtshalber den 'Brockhaus', und weil mir der Titel *Zukunftsvision* sehr gross vorkam, nahm ich sogar den '20bändigen' zur Hand. Tatsächlich fand ich dort unter 'Vision' unter anderem folgendes:

Vision [lat. visio ›Schau‹] *die,* ein den religiösen Menschen unerwartet überkommendes oder von ihm bewußt durch die Medien des Gesanges, des Tanzes, der Askese oder auch durch Einnahme von Drogen erstrebtes Gesicht, das sich auf räumlich Entferntes, auf Künftiges oder auf vergangenes Geschehen beziehen kann. Die→Propheten der Religionsgeschichte waren Visionäre, deren Schau Weisungen für Gegenwart und Zukunft enthielten. Auch viele Religionsstifter, z. B. Mohammed, hatten ihre Grunderlebnisse in Form von V. Mit den V. sind oft *Auditionen* (Wortoffenbarungen) verbunden. Auch Mystiker haben V. wie Mechthild von Magdeburg und Gertrud die Große im 13. Jahrh. Der ind. Mystiker →Ramakrischna war von Kindheit an ekstatisch veranlagt und hatte schon früh V. Bei den von der *Bibel*, vor allem bei Prophetenberufungen des A. T. (Jer.1, Ez. 1), berichteten V. liegt der Nachdruck nicht auf dem Gesehenen, sondern auf dem Gehörten, auf der durch sie vermittelten Botschaft Gottes. Sie sind oft nicht klar vom Traum abgehoben. Die visionäre Schilderung wird zur groß entfalteten literar. Form in der→Apokalyptik (Daniel, Johannes-Apokalypse). Für das N. T., in dem V. – gelegentlich bei Petrus (Apg. 10) und Paulus (2. Kor. 12) – nur ein Randphänomen darstellt, ist wichtig die Unterscheidung zwischen der innerpersönl., ohne Zeugen stattfindenden V. und der als objektiv erlebten, intersubjektiv bezeugten Erscheinung, bes. des auferstandenen Christus. Die Märtyrer schauten vor ihrem Tod oft die himmlische Welt (Apg. 7,56).

Da ich mich nicht in die Nähe von Religionsstiftern wie etwa Mohammed oder Mystikern wie Ramakrischna oder Mechtild von Magdeburg bringen möchte, habe ich etwas bescheidener versucht, konkrete Ansatzpunkte zu finden, die zu einer Verbesserung der unbefriedigenden Situation führen können. Das zweite Wort des Titels ist *'Elternarbeit'*. Ich frage mich, wer muss arbeiten? Müssen jetzt nur die Eltern arbeiten? Müssen die Therapeutinnen und Beraterinnen die Eltern bearbeiten? (Zusätzlich zu den Kindern?) Oder müssen die Eltern etwa an den Therapeutinnen arbeiten? Um die verschiedenen 'Arbeitsprozesse' etwas klarer aufzuzeigen, müssen wir den Ist-Zustand genauer unter die Lupe nehmen:

Ist-Zustand

Die nebenstehende Zeichnung zeigt die vielfältigen Ebenen der Beziehungen der beteiligten Gruppen untereinander auf. Die Zahlen in der Zeichnung werden im anschliessenden Text erläutert.

Diagnose (1)

Das Diagnosetrauma ist in jedem Fall an den Anfang zu setzen. Es ist ein fataler Einschnitt ins Alltagsleben der Eltern. Die Phase ist geprägt von Angst und tiefer Unsicherheit. MONICA JONAS beschreibt in Ihrem Buch 'Behinderte Kinder – behinderte Mütter' eindrücklich, dass die Mutter aus ihrer Rolle in der Familie heraus die Hauptlast allein trägt und darum häufig an die Grenzen ihrer Belastbarkeit stösst.

Familie (2)

Die Verantwortung für die Fürsorge und Pflege der Kinder lastet allgemein einseitig auf den Müttern. Geschwister werden selten in den Lern-, Erziehungs- und Therapieprozess einbezogen.

Frühberatung (3)

Die Frühberatung hat häufig noch die Sprach-Förderung und die Sprachtherapie mit dem Kind als vorrangige Zielrichtung. Vielfach findet sie noch im Ambulatorium, der audiopädagogischen Beratungsstelle, statt, um möglichst störungsfrei abzulaufen.

Audiopädagogik (4)

Wie bei der Frühberatung besteht bei den Audiopädagoginnen die grösste Gefahr, sich auch sprachgewichtig allzusehr mit dem Kind alleine zu befassen und vornehmlich die (vor)schulischen Lücken auszubügeln.

116

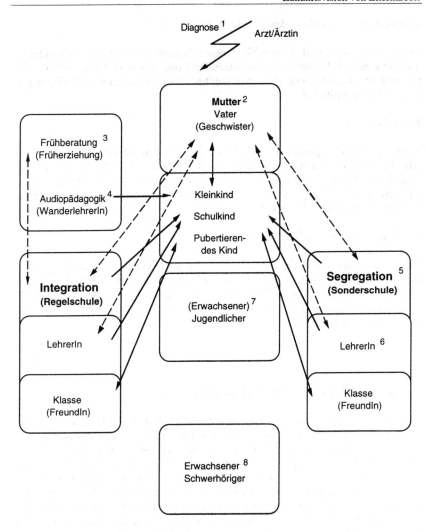

Integrative kontra segregative Beschulung (5)

Integrative Beschulung eines Kindes mit Hörstörung in einer Regelklasse konkurrenziert sich noch heute mit der Beschulung in einer Sonderschule. Es herrscht immer noch die Meinung vor, dass sich beide Beschulungsmöglichkeiten diametral entgegenstehen. Daraus folgt meistens auch die Angst, dass Schüler abspenstig gemacht werden. Wenn integrative Beschulung sich als effizient erweist, könnte sie ja letztlich die Existenz der Sonderschule gefährden!

Kontaktmangel zwischen den Lehrkörpern (6)

Aus dieser Angst und diesem Misstrauen heraus entstehen kaum Kontakte zwischen dem Lehrkörper der Sonderschule und jenem der Regelschule, da die bestehenden Institutionen einen solchen Kontakt in ihren Leitbildern gar nicht vorgesehen haben.

Jugendliche (7)

Wenn die Schulabgänger der Sonderschulen dannzumal eine Berufslehre in Angriff nehmen, sehen in der Regel die Institutionen ihre Pflicht erfüllt. Ein Teil ihrer Abgänger entschwindet in der integrativen Weiterbildung in eine weiterführende Schule, ein Grossteil besucht die interkantonale Berufsschule für Hörgeschädigte in Oerlikon.

Der erwachsene Hörbehinderte (8)

Der erwachsene Hörbehinderte ist mit zunehmendem Alter immer weniger interessant für Forschung und Wissenschaft. Man weiss über die anfänglich so gut und so früh erfassten Kinder im Erwachsenenalter immer weniger. Je nach Institution begegnet man einem kleinen Teil von ihnen alle paar Jahre an einem 'Ehemaligentag'.

'Visionärer' Zustand (Wunschzustand)

Einige von Ihnen werden denken, was das alles denn mit Elternarbeit zu tun habe. Nun, Eltern sind ja eingebettet in ein Beziehungssystem. Bis anhin wendete sich ihr Interesse je nach Alter *ihres* behinderten Kindes einer bestimmten Person zu, zuerst dem Arzt, dann der Frühberaterin, der Kindergärtnerin, dem Lehrer, der Audiopädagogin usf. Der visionäre Ansatz besteht nun darin, dass die Sichtweise aller Beteiligten komplexer wird: Die Eltern sehen sich in einer Vereinigung betroffener Eltern mit starker Gruppenidentität. Sie holen aus der Gruppe die Kraft, eigene Probleme zu meistern und darüber hinaus berechtigte Forderungen an die Gesellschaft zu stellen. Dies gilt natürlich auch für die anderen Gruppen im beschriebenen System. In den letzten Jahren hat die Identitätsfindung und Förderung im Bereich der Hörgeschädigtenpädagogik einen grossen Stellenwert erlangt (HORSCH, DING). Man kann die Grundvoraussetzung zum Gelingen der Identitätsfindung auch auf die verschiedenen Gruppen übertragen (Kinder, Eltern, Therapeutinnen, Audiopädagoginnen, Lehrerinnen, ORL-Ärzte). Sie können Vertrauen und Selbstwertgefühl als Gruppe in der Gesellschaft nur soweit entwickeln, wie sie Akzeptanz und Wertschätzung vom gesellschaftlichen Umfeld durch Interaktion zu spüren bekommen. So kann jede Gruppe ein positives Selbstwertgefühl auf jedes ihrer Mitglieder übetragen. Dabei ist der Rücksichtnahme auf die Erwartungen der Gesellschaft ein starkes realitätsbezogenes Gruppenkonzept entgegenzustellen. Mit der Stärkung der Identität der einzelnen Gruppen ist die Voraussetzung geschaffen, visionäre Zustände ins Auge zu fassen. Einiges hat sich in diesem Wunschzustandsmodell verändert, wie aus der untenstehenden Zeichnung zu sehen ist.

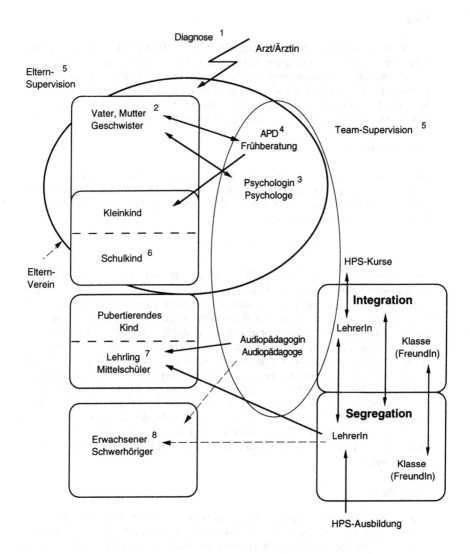

119

Diagnose (1)

Den Schock der Diagnose kann niemand von der Familie fernhalten. Im ersten Moment ist auch kein Ratschlag am Platz. Die Diagnose schlägt unvermittelt – wie ein Blitz – ein, und die Kraft einer Elterngruppe kommt nicht zu den Betroffenen.

Familie (2)

Die Familienstruktur hat sich gegenüber dem Ist-Zustand dergestalt geändert, dass der Vater sich von seiner tradierten Rolle getrennt hat. Er übernimmt einen Teil der Verantwortung für die Kinder und verhilft der Frau zu einer gewissen Autonomie, lässt sie am kulturellen und öffentlichen Leben teilhaben. Auch die Geschwister sind bereit, ihren Beitrag zu leisten und setzen sich mit dem Schicksal des neuen Familienmitgliedes aktiv auseinander.

Psychologin (3)

Eine behinderungsspezifisch ausgebildete Psychologin bietet schon bald ihre Dienste an und macht aufmerksam auf die Gruppe der betroffenen Eltern, die ebenfalls Kontakte mit der Familie aufnimmt. Es bildet sich eine Supervisionsgruppe betroffener Eltern.

Audiopädagogischer Dienst – Frühberatung (4)

Der audiopädagogische Dienst (APD) beginnt mit der Frühberatung. Die Audiopädagogin unterstützt die Familie bei der Bewältigung des Traumas und hilft mit, das autonome Handeln beider Elternteile heranreifen zu lassen. Die Therapeutin ist in dieser ersten Phase sehr stark auch Pädagogin und versucht, sich in die familiäre Situation hineinzufühlen. Von einer Portionierung der Therapieeinheiten wird abgesehen. Im Beratungsdialog mit Mutter und Vater werden Gefühle oder Unsicherheiten, etwa wie man mit dem Kind arbeiten soll, eingebracht und verarbeitet. Neben der kindorientierten Beratung, die wenn möglich am Wohnort stattfindet, haben die Eltern die Möglichkeit, ihr persönliches Erleben, ihre Entwicklung und ihre Erfahrungen autonom und gleichberechtigt zum Ausdruck zu bringen. In der Beratung findet sich Zeit und Raum, damit Eltern ihrer Betroffenheit und Erschütterung Ausdruck geben können. Damit werden Rückfälle und Einbrüche abgefedert und aufgefangen.

Teamsupervision (5)

Fachleute, Beraterinnen und Pädagoginnen benützen das Angebot einer Teamsupervision. Aus diesen Gruppen regeneriert sich neue Kraft für die tägliche Arbeit. Supervision ist längst kein unbekanntes Wort mehr und hat Aufnahme gefunden in Leitbildern und Konzepten der verschiedenen Institutionen.

Schulkind (6)

Beim Eintritt des Kindes in Kindergarten und Schule stellt sich die Frage der integrativen Beschulung in einer Gruppe gleichaltriger hörender Kinder. Der Balanceakt zwischen Anpassung an die Verhaltensnormen der Gruppe und der Entfaltung der eigenständigen Persönlichkeit ist eine grosse Herausforderung für Eltern und Kind. Als neue Figur kommt jetzt die Lehrerin ins Spiel, die behutsam die Sozialisationsprozesse beobachtet und begleitet. Unterstützt und beraten wird die Lehrerin, die übrigens im Rahmen der pädagogischen Grundausbildung am Seminar bereits Grundlagen zur Integrationsfrage vermittelt bekommen hat, durch die Audiopädagogin und Beraterin. Die Angebote zur Fortbildung, beispielsweise am Heilpädagogischen Seminar (HPS) Zürich, für Lehrerinnen und Lehrer, die ein Kind mit vermindertem Hörvermögen in der Klasse unterrichten, werden rege benützt. Die Kantone und Schulräte unterstützen und finanzieren diese Kurse. Die Audiopädagogischen Dienste organisieren regelmässig Treffen mit Lehrerinnen und Lehrern der Regelschule, um Probleme zu diskutieren und Lösungen zu suchen. Anlässlich dieser Treffen werden Besuche an der Sonderschule organisiert und Kontakte mit Lehrerinnen und Lehrern der Sonderschule ermöglicht. Der Audiopädagoge organisiert Klassenkontakte, zum Beispiel Briefwechsel, Besuche und Gegenbesuche an der Sonderschule und der Regelschule. So entsteht ein tragfähiges Netz, das auch einen Systemwechsel problemloser gestalten lässt. Denn es gibt auch Grenzen der integrativen Beschulung, wenn das Kind das Klassenziel nicht erreicht, wenn es aufgrund des mangelnden Hörvermögens in eine Kleinklasse übertreten müsste, oder wenn es beim Stufenwechsel in einen Oberstufenzug eintreten müsste, der seinem Leistungs- und Entwicklungspotential nicht entsprechen würde.

Bei all diesen Vernetzungen ist der Einbezug der Eltern von entscheidender Bedeutung. Die Audiopädogin steht bei Lehrergesprächen, bei Promotionsentscheiden und bei Elternabenden den Eltern zur Seite. Sie unterstützt ihre Wünsche und hilft klärend bei Fragen. Die Audiopädagogin sensibilisiert Klassenkameradinnen und Kameraden für die Probleme der Behinderung (Empathie). Die Regelschule ist bei guten Randbedingungen durchaus in der Lage, den schwerhörigen Kindern die angemessene Schulbildung zu sichern. Dabei profitieren die schwerhörigen Kinder indem sie soziale Beziehungen mit gleichaltrigen Kameradinnen und Kameraden aufbauen können. Sie stärken dabei ihre Persönlichkeit und ihr Selbstwertgefühl. Die guthörenden Kinder lernen bezüglich Rücksichtnahme und sozialem Engagement. Während der ganzen Schulzeit besteht immer auch ein Kontakt zu gleichaltrigen hörbehinderten Kindern. Die begehrten Sommerlager für hörgeschädigte Kinder in Regelschulen bestätigen das Bedürfnis und den Wunsch einiger stark hörgeschädigter Kinder, mit gleichbetroffenen in Kontakt zu kommen.

Lehrzeit / Mittelschule (Gymnasium) (7)

Nach der obligatorischen Schulpflicht finden sich ehemalige Schülerinnen und Schüler oft allein, sei es am Arbeitsplatz, sei es in einer grösseren Schulklasse. Sie müssen in dieser Situation lernen, zu sich zu stehen und auf Schwierigkeiten in der Kommunikation und auf die daraus entstehenden Probleme hinzuweisen. Ein regelmässiger Kontakt und Austausch innerhalb dieser Gruppe ist ausserordentlich wichtig. Ziel ist die Förderung der Identität Hörbehinderter. Die Sonderschule nimmt diese Aufgabe wahr. Sie hat die nötige Infrastruktur und die Fachkräfte. Damit kommt sie den Bedürfnissen der Lehrlinge und Mittelschüler (Gymnasiasten) entgegen. Es werden Treffen organisiert, bei denen besonders auf die Eigeninitiative der betroffenen Jugendlichen geachtet wird.

Erwachsene Schwerhörige (8)

Damit die Kontakte, die während der Lehrzeit oder der Mittelschulzeit unter den Hörbehinderten geknüpft wurden, nicht abbrechen, ist ein zusätzliches Engagement der Beteiligten notwendig. Während die administrative Infrastruktur der Sonderschulen zur Verfügung gestellt werden kann, (z. B. für Adressenverwaltung), muss die Führung der erwachsenen Schwerhörigen von Betroffenen selbst an die Hand genommen werden. Die Fachkräfte ziehen sich zurück und stehen nur noch auf Wunsch oder bei Bedarf zur Verfügung. Die erwachsenen Schwerhörigen sind auch selbst wieder Eltern, und sie können sich mit einer starken Persönlichkeitsstruktur freudevoll und mit grossem Engagement der Erziehung eigener Kinder widmen.

Schlussgedanken

Die italienische Regierung hat im Sinn, in den nächsten drei Jahren die rund 400'000 Schulklassen um 50'000 Klassen zu reduzieren. Auch bei uns in der Schweiz führen viele Politiker ähnliches im Schild. Sie wollen auf dem Rükken der Kinder ihre Sparmassnahmen vollziehen. Engagierte Eltern und Fachleute sind eindringlich aufgerufen, ihre Stimme zu erheben, denn grössere Schulklassen erschweren oder verunmöglichen eine integrative Schulung hörgeschädigter Kinder, auch wenn das Umfeld gut ist und die Bereitschaft der Pädagogen besteht.

Achten wir auf die Bildungspolitik unserer gewählten Volksvertreter, prüfen wir die Parteiprogramme! Wir tragen die Mitverantwortung.

Innere und äussere Voraussetzungen für nichtaussondernde Erziehung[17]
Jutta Schöler

Erwarten Sie bitte von mir jetzt nicht einen Katalog von Bedingungen, die erfüllt sein müssen, *bevor* mit der gemeinsamen Erziehung von behinderten und nicht behinderten Kindern begonnen werden kann.

Einzige, unabdingbare Voraussetzung für ein Beginnen ist, dass wir klare Zielvorstellungen haben!

Wir alle brauchen eine *Zielvorstellung* über einen gesellschaftlichen Zustand, den wir uns erwünschen. Auch wenn wir wissen, dass wir – zu unseren Lebzeiten – dieses Ziel nicht erreichen können, ist es richtig, folgendes zu fordern:

Kein Mensch darf wegen körperlicher oder psychischer Abweichungen von einem Zustand, den andere Menschen als 'normal' bezeichnet haben, aus der Gemeinschaft seines sozialen Umfeldes ausgeschlossen werden. Genauso wie niemand wegen seines Geschlechts, wegen seiner Religion oder seiner Muttersprache, wegen seiner Hautfarbe oder der Zugehörigkeit zu einer ethnischen Gruppe rechtlich anders gestellt sein darf als alle anderen Menschen.

Von diesem Ziel sind wir noch weit entfernt, zugleich müssen wir uns aber bewusst machen: *Der Weg dorthin ist bereits ein Teil des Zieles!*

Mit jedem einzelnen Kind, das trotz einer Behinderung in einer konkreten Schule den gemeinsamen Lebensweg mit allen anderen Kindern beginnen

---

[17] Prof. Dr. JUTTA SCHÖLER trug die Gedanken dieses Vortrags erstmals am 9. Österreichischen Symposium für die Integration behinderter Menschen vor; 29. Oktober 1993, in Feldkirch, Österreich.

kann, werden die Voraussetzungen für das gemeinsame Lernen *aller Kinder* verändert.

So wie wir das allgemeine Ziel vor Augen haben, brauchen wir auch *Vorstellungen* über die Gestaltung des Weges. Welche materiellen Rahmenbedingungen müssen geschaffen und auch langfristig gesichert werden? Ein derzeit noch steiniger und hürdenreicher Weg, den sich am Beginn eines gesellschaftlichen Wandlungsprozesses nur wenige zu gehen wagen, muss geglättet und von unnötigen Stolpersteinen befreit werden, damit dies schliesslich ein Weg wird für ausnahmslos alle – *für alle Kinder einer Gesellschaft!* Vor unbekannten, ungewohnten Wegen haben wir Angst. Es ist menschlich, davor Angst zu haben.

> "Häufig lähmt die Angst vor dem, was passieren kann, jegliches pädagogische Handeln. Man verbleibt in der theoretischen Diskussion und begnügt sich dann damit, Lösungen anzubieten, ohne etwas wirklich geschehen zu lassen."
> (NICOLA CUOMO)

Wer in schwierigen Entscheidungssituationen steckt, muss immer auch versuchen, sich bewusst zu machen, *wer* einem Angst macht. Sind dies in unserem Zusammenhang nicht sehr oft die Spezialisten, die den Eltern erklären wollen, nur sie selbst wüssten, was für die Zukunft des Kindes gut ist? Die Mediziner, die Therapeuten, die Sonderpädagogen in Sonderinstitutionen verweisen auf die klaren, vorgezeichneten und oft gut ausgestatteten besonderen Wege. Es gibt bisher nur wenige Beispiele von jungen Erwachsenen, die unter akzeptablen Bedingungen ihre Schulzeit in integrativen Gruppen verbringen konnten und die durch ihr Dasein den Eltern von behinderten Kindern eine Orientierung geben können. Wir müssen die ersten Schritte tun, häufig ohne genau zu wissen, wie der Weg weitergeht.

Die gemeinsame Erziehung von behinderten und nicht behinderten Kindern begann im Kindergarten, als noch sehr unklar war, wie die Fortführung in der Volksschule aussehen könnte. Sehr viele Kinder mit Behinderungen haben in den vergangenen Jahren die Volksschulen besucht, und die weiterführenden Schulen haben sich immer noch nicht darauf vorbereitet, die Gestaltung des Unterrichts auf die besonderen Bedürfnisse von Kindern mit Behinderungen einzurichten.

Dass dies bisher nicht geschehen ist, liegt nicht an den Eigenheiten der zehn- bis fünfzehnjährigen Heranwachsenden, es liegt auch nicht an der prinzipiellen Unmöglichkeit der Unterrichtsinhalte, die in diesen Schuljahren vermittelt werden sollen (vgl. GEORG FEUSER). Die tieferliegenden Ursachen für die bisherige Verweigerung, die Aufgabe der gemeinsamen Erziehung von behinderten und nicht behinderten Kindern über die Volksschulklasse hinaus konsequent weiterzuführen, sehe ich in der Tatsache, dass die Mehrheit der politisch Verantwortlichen – und sicherlich immer auch noch eine Mehrheit in der Gesellschaft – den oben formulierten integrativen Zielen *eben nicht* zustimmt:

Der Schule als Institution werden immer noch aussondernde, die hierarchischen Strukturen des Gesellschaftssystems festigende Funktionen zugeschrieben und nicht integrative Funktionen.

Zu den allgemeinen gesellschaftlichen Voraussetzungen, auf die verändernd eingewirkt werden muss, gehört in unserem Zusammenhang auch, darüber wieder ein Bewusstsein herzustellen.

Mit Behinderungen muss gerechnet werden!

Behinderung ist kein Zustand, für den sich ein Mensch freiwillig entscheidet. Keine Mutter, kein Vater entscheidet sich freiwillig für ein behindertes Kind. Aber: *Wer sich für ein Kind entscheidet, muss sich auch mit der Möglichkeit auseinandersetzen, dass dieses ein Kind mit einer Behinderung sein könnte.*

Ich halte es für äusserst fragwürdig, durch Schwangerschafts-Vorsorgeuntersuchungen den Eindruck zu erwecken, es gäbe eine Garantie dafür, *kein* Kind mit einer Behinderung zu erwarten. Oder: Es besteht die Gefahr, dass die Mütter und Väter, die sich bewusst gegen eine Schwangerschafts-Vorsorgeuntersuchung entscheiden, gegenüber der Gesellschaft in Rechtfertigungszwang geraten: *Sie* sollen begründen, *weshalb* sie der Gesellschaft das Risiko eines behinderten Kindes zugemutet hätten. Andrerseits: Die Mütter und Väter, die eine Vorsorgeuntersuchung haben machen lassen und von einem Mediziner die scheinbar beruhigende Auskunft erhalten haben, eine Behinderung des Kindes läge nicht vor, wiegen sich in der Sicherheit, alles getan zu haben, um dieses Risiko auszuschalten. Sie beziehen in ihre Zukunftsplanungen die Möglichkeit der Behinderung eines Kindes überhaupt nicht mehr ein – oder mit einer geringeren Wahrscheinlichkeit. Die Tatsache, dass erheblich mehr Risiken im Geburtsvorgang selbst liegen, die zu einer Behinderung führen können, ist den meisten Menschen nicht bekannt und wird von den Medizinern zumeist erst nach hartnäckigstem Fragen eingestanden.

Ich wiederhole: Zu den allgemeinsten Voraussetzungen integrativer Erziehung gehört es, dass die Tatsache der Behinderung akzeptiert und nicht abgetrieben wird – Aufgabe der Gesellschaft ist es, die Unterstützungen zur Verfügung zu stellen, welche auch das Leben *mit* einer Behinderung vorstellbar und lebenswert erscheinen lassen.

Welche Millionenbeträge werden in Krankenhausausstattungen und medizinische Forschungen investiert, die nicht dem Zweck dienen, zur Gesundung von Menschen beizutragen, sondern die letztlich nur dem einen Ziel dienen,

Leben – in diesem Falle behindertes Leben – zu vernichten. Stellen Sie sich vor, dieses Geld stünde für eine verbesserte Ausstattung des Schulsystems zur Verfügung!

Prof. WERNER SCHMID vom Institut für Medizinische Genetik der Universität Zürich hat bereits 1982 in einem Artikel in der *Wiener Klinischen Wochenschau* auf diese Zusammenhänge hingewiesen. Prof. SCHMID ist an der Frauenklinik der Universität Zürich für die Durchführung der Schwangerschafts-Vorsorgeuntersuchungen zuständig. Er hat ausgerechnet, dass derselbe finanzielle Aufwand, der dort getrieben wird, um pro Jahr etwa *sechs* Kinder mit *Down Syndrom* zu vermeiden, ausreichen würde, um für diese Kinder – so man sie leben lassen würde – eine zusätzliche pädagogische Betreuung in Regeleinrichtungen zu finanzieren, wie es dem Standard in Dänemark entspricht. Um nämlich die von der statistischen Wahrscheinlichkeit her zu erwartenden sechs Kinder mit Down Syndrom zu erkennen, sind in Zürich 1980 rund 1'300 Fruchtwasseruntersuchungen, 600 spezielle Blutuntersuchungen und 500 genetische Beratungen durchgeführt worden.

Menschen mit Behinderungen sind in der Öffentlichkeit zu wenig sichtbar

Zur gesellschaftlichen Akzeptanz von Behinderungen – und damit zu den allgemeinsten Voraussetzungen von integrativer Erziehung – gehört auch, ob Menschen mit Behinderungen in der Gesellschaft präsent sind: in den öffentlichen Verkehrsmitteln, am Arbeitsplatz, in einem Restaurant, am Urlaubsort – wo begegnen wir Menschen mit Behinderungen? Sie sind nicht da! Symptomatisch für diesen Zustand der Ausgrenzung ist ein Gerichtsurteil, in dem einer Familie Schadenersatz zugestanden wird, weil sie im Urlaub den Speisesaal des Hotels mit einer Gruppe behinderter Menschen teilen musste. Symptomatisch ist aber auch eine österreichische Werbekampagne, die um Verständnis für Menschen mit Behinderungen werben wollte, dies jedoch mit Bildern tat, die nichts anderes bezwecken konnten, als Mitleid zu erregen für unsichtbare Wesen. Zu Ihrer Erinnerung zeige ich drei Fotos dieser Anzeigenkampagne vom Sommer 1991. Als Gegensatz dazu, wie ein verändertes Bewusstsein über die Anwesenheit von Menschen mit Behinderungen sicherlich eher erreicht werden könnte, zeige ich zwei Dias aus Italien.

"Sono qui" – sie sind da!

Mitten unter uns – im Restaurant, auf dem Markt, in öffentlichen Verkehrsmitteln, am Arbeitsplatz – sollten wir Menschen mit Behinderungen begegnen. Wenn dies nicht der Fall ist, dann wissen wir, dass sie in ihren Wohnungen oder in Heimen – von der Umwelt – isoliert leben.

126

Für die Veränderung der allgemeinen gesellschaftlichen Rahmenbedingungen sind umfangreiche und sehr sorgfältige Diskussionen notwendig; hierzu gehört auch die Diskussion über die Auflösung von psychiatrischen Anstalten, über die menschenwürdige Gestaltung des Lebens für alte Menschen, um die Frage, wie der letzte Lebensweg eines Menschen begleitet wird. An die Stelle der Forderungen nach aktiver Sterbehilfe, die die Würde jedes Menschen zutiefst verletzen, die aber besonders für alte, kranke und behinderte Menschen lebensgefährlich werden, muss die Bereitschaft treten, auch das Sterben eines Menschen zu begleiten. Die Antwort auf die Thesen eines PETER SINGER, der behindertes Leben nach volkswirtschaftlichem Nutzen berechnen zu können glaubt, kann sich nicht auf die verbale Ablehnung derartiger Äusserungen beschränken. Viel schwieriger ist es, mit der Frage zu leben, wie wir – jede und jeder einzelne von uns – es uns vorstellen können, einen Menschen mit einer schweren Krankheit oder einer schweren Behinderung in den letzten Monaten, Wochen und Tagen seines Lebens zu begleiten.

Berechtigterweise war die Empörung über die Krankenschwestern gross, die in einem Wiener Krankenhaus selbstherrlich über Leben und Tod von alten Menschen entschieden haben. Aber es bleibt die Frage an *die Gesellschaft* – und nicht nur an die Söhne und Töchter dieser alten Männer und Frauen: Was wurde alles unterlassen, was dann schliesslich zu dem Zustand geführt hat, dass Menschen ihren sozialen Tod gestorben waren *bevor* eine Krankenschwester die falsche Dosis einer Medizin verabreichte?

Ich hoffe, Sie sind in der Zwischenzeit nicht ungeduldig geworden und meinen, ich sollte doch endlich zu meinem eigentlichen Thema kommen, nämlich zu den inneren und äusseren Voraussetzungen von nichtaussonderndem Unterricht.

Die allgemeinen Fragen, die ich in meinem bisherigen Vortragsteil angesprochen habe, gehören nach meinem Verständnis zu den allgemeinsten Voraussetzungen nichtaussondernden Unterrichts. Wir können uns nicht der Illusion hingeben, eine Gesellschaft wäre auf Dauer bereit, erhebliche finanzielle Mittel auszugeben, um die besonderen Bedürfnisse von Menschen mit Behinderungen hinreichend zu berücksichtigen und gleichzeitig gäbe diese Gesellschaft viel Geld aus, um einen kleinen Anteil von Behinderungen abzutreiben. Damit wird der Anschein erweckt, die Entscheidung für oder gegen ein behindertes Kind wäre eine freiwillige Entscheidung der einzelnen Mutter, des einzelnen Vaters. Auf die fatalen Nebenwirkungen *dieses Anscheins von Freiwilligkeit* werde ich später zurückkommen, wenn es um die Freiwilligkeit von Lehrerinnen und Lehrern in bezug auf das Unterrichten eines Kindes mit Behinderungen geht.

Ausstattung von Integrationsklassen

Zuvor möchte ich noch auf eine weitere, allgemeinere Voraussetzung gemeinsamen Unterrichts von behinderten und nicht behinderten Kindern zu sprechen kommen, die bei Ihnen in Österreich gerade besonders aktuell ist: Die *Frage der materiellen und personellen Ausstattung* von Schulen, die Kinder mit Behinderungen nicht aussondern. Ich zitiere OTTO ROSER, den Kollegen, der vor 25 Jahren in Italien mit dem Kampf um eine gemeinsame Schule für alle Kinder begann:

"In einer kindgerechten Schule kann ein behindertes Kind nicht störend sein."

Und ich stelle zugleich fest: Weder das deutsche noch das österreichische Schulsystem ist kindgerecht. Wer sich augenblicklich für begrenzte Klassenfrequenzen in Integrationsklassen einsetzt und fordert, dass die Schulverwaltungen der österreichischen Bundesländer zusätzliche Lehrerstunden für Kinder mit Behinderungen in Integrationsklassen festschreiben, der sollte sich auch bewusst machen, dass es nicht *nur* um die verbesserte Lebenssituation von Kindern mit Behinderungen geht.

Wenn wir den Versuch unternehmen, in dieser Realität der *nicht kindgerechten* Schule ein Kind mit einer Behinderung zu integrieren, dann müssen wir Wege finden, um der Schulverwaltung besondere Rahmenbedingungen abzuhandeln. Für das Kind mit der Behinderung müssen die etwas günstigeren Lernbedingungen geschaffen werden. Für die Lehrerinnen ist es dann eher vorstellbar, die Schwierigkeiten im Unterricht zu bewältigen, die sich aus der grösseren Vielfalt der Lerngruppe ergeben. Von den dann veränderten Rahmenbedingungen profitieren alle Kinder. Es ist nicht verwunderlich, dass an den Orten, in denen Integrationsklassen bereits eine gewisse Tradition haben, gerade die bildungsbewussteren Mittelschichteltern der nichtbehinderten Kinder in die Integrationsklassen drängen.

Andererseits: Wo die aussondernde Funktion der Schule für alle Kinder beginnt wirksam zu werden, nämlich nach Abschluss der Volksschule, da besteht auch die Gefahr, dass in die Klassen für Kinder mit Behinderungen in einem übergrossen Ausmass Kinder mit Lernschwierigkeiten und mit Verhaltensauffälligkeiten aufgenommen werden. Insbesondere handelt es sich dabei zumeist um Jungen, die an der Regelschule zu scheitern drohen oder bereits gescheitert sind, eben weil diese Schule nicht kindgerecht ist.

Der Kampf um die besondere materielle und personale Ausstattung von Integrationsklassen ist nicht allein eine ausschliesslich *besondere Voraussetzung* für das optimale gemeinsame Spielen, Leben und Lernen von Kindern mit Behinderungen, sondern es ist der Kampf um eine kindgerechte Schule für *alle* Kinder.

Was wird aus den Sonderschulen?

Das Kind mit der Behinderung ist mit Sicherheit nicht 'sonder*schul*bedürftig'. Ich zitiere ALFRED SANDER, der die Entwicklung nichtaussondernden Unterrichts in der Bundesrepublik Deutschland entscheidend beeinflusst hat:

"Sonderschulen sind letztlich nur noch als Verwaltungsvereinfachung zu rechtfertigen."

Für Kinder mit Behinderungen bei nichtaussonderndem Unterricht sind gelegentlich besondere Fachkenntnisse notwendig, vor allem für hochgradig sehgeschädigte und hörgeschädigte Kinder und für Kinder mit gravierenden Einschränkungen ihrer intellektuellen Fähigkeiten und/oder ihrer Kommunikation. Für diese Kinder müssen Pädagoginnen und Pädagogen besondere Kompetenzen erwerben und zu den Kindern, vor allem zu den Lehrerinnen und Lehrern, in die Regelklassen gehen.

Die bisherigen Sonderschulen wären als sogenannte Förderzentren nur dann glaubwürdig, wenn sie sich selbst konsequent als Lernort für Kinder mit Behinderungen auflösen. Erst dann, wenn diese 'Auffangbecken' für die angeblich schwierigsten Fälle nicht mehr zur Verfügung stehen, werden genügend Kreativität, genügend personelle und materielle Ressourcen zur Verfügung gestellt werden. Gerade für die schwierigsten Lebenssituationen, d. h. für die Kinder, die die Anregungsvielfalt der nichtbehinderten Kinder am nötigsten brauchen, sind wir Erwachsenen zu schnell bereit, eine aktuelle Krise, einen Lehrerwechsel oder das Scheitern einer Ehe zum Vorwand zu nehmen, um das Kind in die Sonderinstitution abzuschieben. Dies mag den Erwachsenen, die in einer krisenhaften Situation verständlicherweise leicht zu den organisatorisch einfachsten Lösungen greifen, als schneller Ausweg aus der Krise erscheinen. Für das betroffene Kind ist es eine Folge, die nur mit einer Krankenhauseinweisung oder einem Gefängnisaufenthalt vergleichbar ist. Die Beschäftigten in Sonderschulen sollten sich immer wieder selbst die Frage stellen, ob sie sich weiter auf die Rolle als Notfall-Sanitäter oder Gefängniswärter einlassen wollen oder ob sie nicht auch den Schritt in die Freiheit der normalen Schulen wagen und dort alle Kinder, insbesondere die Kinder mit Behinderungen, begleiten wollen. Für die Pädagogin, den einzelnen Pädagogen, die oder der jetzt noch an Sonderschulen arbeitet, gibt es nach meiner Einschätzung nur die eine Alternative: sie gehen mit den behinderten Kindern gemeinsam in die normalen Schulen, begleiten und unterstützen diese Kinder und ihre Lehrerinnen *unmittelbar* auf dem gemeinsamen Weg in eine normale Zukunft. Der Beruf der Sonderpädagogin, des Sonderpädagogen ist deshalb nicht überflüssig, die Art der Tätigkeit ändert sich. Selbst Schulleiter von Sonderschulen müssen nicht um ihren Arbeitsplatz oder ihre Existenzberechtigung fürchten, ganz im Gegenteil; ich habe schon vielen engagierten VertreterInnen integrativer Erziehung dazu geraten, SchulleiterIn einer Sonderschule zu werden, aber immer mit dem Ziel, diese Einrichtung als Lernort für Kinder aufzulösen und als *Koordinations- und Beratungsstelle* für die nichtaussondernde Förderung von Kindern mit Behinderungen auszubauen.

Ich gehe mit meinen Forderungen in der gegenwärtigen aktuellen Diskussion um die Umwandlung von Sonderschulen in Förderzentren noch einen Schritt weiter: Die Genehmigung für diese Umwandlung sollten nur die Sonderschulen erhalten, die sich verpflichten, Kinder mit Behinderungen nicht mehr neu aufzunehmen.

Im ersten Teil meines Vortrages habe ich ausgeführt, wie fragwürdig eine gesellschaftliche Situation ist, die einerseits in die Vernichtung von Leben investiert, das als nicht lebenswert diagnostiziert wurde und die andererseits nicht genügend finanzielle Mittel zur Verfügung stellt, um das gemeinsame Leben von behinderten und nichtbehinderten Menschen in einer würdigen Form zu ermöglichen. Ähnlich fragwürdig verhält sich eine Gesellschaft, die einerseits Sonderschulen als Lernort für Kinder mit Behinderungen – quasi 'auf Vorrat' mit nicht unbeträchtlichen Mitteln 'vorrätig' hält – sehr oft mit teurer Internatsunterbringung oder langen und kostenaufwendigen Fahrzeiten für die Kinder, und andererseits nicht genügend finanzielle Mittel zur Verfügung stellt, um den gemeinsamen Unterricht dieser Kinder mit nichtbehinderten Gleichaltrigen an ihrem Wohnort zu sichern.

Innere Bilder und die Bedeutung von Medien

Eine weitere Voraussetzung, eine ungünstige Voraussetzung nichtaussondernden Unterrichts ist die Tatsache, dass wir Erwachsenen keine anschaulichen Bilder davon im Kopf haben, wie Unterricht in einer vielfältigen Klasse aussehen könnte. Die Menschen der jetzigen Erwachsenengeneration haben dies in ihrer Schulzeit nicht erlebt. Wir benötigen aber anschauliche Beispiele, um uns selbst eine grössere innere Sicherheit zu geben. Wir bräuchten Spielfilme und Fernsehserien, gute Dokumentarfilme über Formen Offenen Unterrichts, denn die bisherigen – leider immer noch nicht sehr zahlreichen – Integrationsklassen können die vielen BesucherInnen, die gerne einmal hospitieren wollen, nicht verkraften.

Deshalb möchte ich Ihnen einen kleinen Auszug aus einem Videofilm zeigen. Es sind wenige bewegte Bilder aus einer *Schulklasse*, nicht viel mehr als eine bewegte Serie von Dias. Bilder aus der Schulklasse, die *wegen Julian* als Integrationsklasse eingerichtet wurde. Eine Integrationsklasse in Berlin, das sind in diesem Beispiel zwanzig Kinder, zehn Jungen und zehn Mädchen, eine Lehrerin und ein Diplompädagoge, der fest angestellt ist, um in der Integrationsklasse ständig als Stützpädagoge zu arbeiten. Hinzu kommt stundenweise eine sogenannte Einzelfallhelferin für Julian. Für diese zwanzig Kinder und ihre Eltern ist es selbstverständlich, dass auch ein Kind mit einer schweren Behinderung die Schule besucht. Diese Schule ist eine 'ganz normale' Grundschule im Norden Berlins, eine relativ grosse Schule mit ungefähr 1'000 Schülern von der Vorklasse bis zur 6. Klasse. Die Schule hat vor sieben Jahren ihre ersten Erfahrungen auf diesem Gebiet, vor allem mit dem Zwei-Pädagogensystem gemacht. Inzwischen besuchen – auf acht Klassen verteilt – dreizehn Kinder mit Behinderungen diese Schule.

Von der Tatsache, dass wegen Julian – lange vorbereitet und wohl überlegt – eine Integrationsklasse eingerichtet wurde, profitieren *alle* Mitschülerinnen und Mitschüler, vor allem jedoch zwei Mädchen: Luisa und Tini, und ein Junge, den ich Stefan nennen möchte. Diese drei Kinder möchte ich Ihnen noch kurz vorstellen, bevor wir uns den Film ansehen.

Tini ist seit der Vorklasse Julians Freundin. Sie besuchte eine Parallelgruppe von Julian und sollte eigentlich in eine andere Klasse eingeschult werden. Während der Vorschulzeit haben die Kinder der verschiedenen Gruppen häufig zusammen gespielt. Irgendwie – die Erwachsenen haben das nicht gelenkt und die Anfänge nicht erkannt – haben sich Julian und Tini angefreundet. Tini hat selbst mit grosser Energie durchgesetzt, dass sie in dieselbe Klasse wie Julian eingeschult wird. Sie ist ein sehr intelligentes, aufgewecktes Mädchen. In dem Film werden Sie Tini beim gemeinsamen Kartenspiel bei Julians Familie zu Hause sehen. Sie ist auch diejenige, die in dem Film mit ihm in der Pause Verstecken spielt. Tinis Eltern sagen heute, dass ihre Tochter sich ohne Julian in der Schule wohl langweilen würde. Die Lehrerin muss sich für Tini regelmässig Zusatzaufgaben ausdenken.

Luisa lebt in einer Pflegefamilie. Vor Beginn der Schulzeit hatte sie erhebliche Probleme im sprachlich-kommunikativen Bereich. Über sie existieren zahlreiche Gutachten, in denen alle üblichen Fachbegriffe zu finden sind, um ein Kind in eine Schule für Sprachbehinderte zu überweisen. Einzeltherapien im Vorschulalter hatten wenig bewirkt, um ihre schwere Dyslalie, ihren Dysgrammatismus, ihre Redeflussstörungen und ihre sehr leise, verwaschene, kaum verständliche Aussprache zu verbessern. Die zuständige Sonderschullehrerin hatte mit einem sehr ausführlichen Gutachten und in eindringlichen Gesprächen die Eltern davor gewarnt, das Wagnis einer Integrationsklasse einzugehen. Die Eltern entschieden sich trotzdem für die Integration. Eine andere Sonderpädagogin mit der fachlichen Qualifikation als Sprachtherapeutin beriet die Klassenlehrerin und den Diplompädagogen regelmässig, wie sie sprachlich-kommunikative Situationen in der Klasse so gestalten können, dass sie anregende Sprechanlässe für Luisa bieten. Die Eltern führten ausserhalb der Schule die logopädische Behandlung weiter. Luisa lernte ohne Schwierigkeiten das Lesen und Schreiben. Zum Ende des zweiten Schuljahres wurde der Sonderstatus für Luisa aufgehoben. Sie spricht 'normal' – nur leider immer noch etwas leise, was für unsere Filmaufnahmen sehr ungünstig war.

131

Nun zu *Stefan:* Er ist ein Junge mit einer ganz erheblichen Verhaltensauffälligkeit. Er lebt seit seinem 4. Lebensjahr in einem therapeutischen Kinder-
heim. Den Eltern war das Erziehungsrecht nach schweren körperlichen Miss-
handlungen und Vernachlässigungen entzogen worden. Sowohl die Erzieher
im Heim als auch die Lehrerinnen in der Schule haben immer wieder Schwierigkeiten mit seinem aggressiven, unberechenbaren Verhalten. Er hat in der
ersten Klasse häufig – ohne erkennbaren Grund – fluchtartig den Klassenraum verlassen. (Dies geschieht seit etwa einem halben Jahr nicht mehr.) Die
Mitschülerinnen und Mitschüler haben mit ihm die grössten Schwierigkeiten
deshalb, weil er den anderen mit grossem Geschick Sachen wegnimmt, diese
versteckt, zu sich mit ins Heim nimmt, aus dem Fenster wirft oder mit der
Toilettenspülung verschwinden lässt.

Stefan hat sehr grosse Probleme mit dem Unterrichtsstoff, nur selten war er
im ersten Schuljahr zu motivieren, dasselbe zu tun wie die anderen Kinder.
Wenn er aber einmal etwas gelernt hat, dann erwartet er, dass der Pädagoge
dies auch beachtet. Stefan hat noch nie Julian etwas weggenommen; er hat
selbst bei ungezügelt erscheinenden Wutausbrüchen darauf geachtet, dass
Julian nicht getroffen wird. Er spielt für Julian häufig den Clown. Die enge
persönliche Beziehung, die der Pädagoge zu ihm aufgebaut hat, ist für Stefan
sehr wichtig. Für Stefan bedeutet die Tatsache, dass er eine Integrationsklasse
besuchen kann, die einzige Chance einer Beziehung zu stabilen gleichaltrigen
Kindern. Diese wenigen Filmausschnitte zeige ich Ihnen nicht, weil ich der
Meinung bin, dies wären Beispiele aus einem besonders vorbildlichen Unterricht. Alle hier gezeigten Lehrerinnen und Lehrer befinden sich noch auf
dem Weg des Lernens. Sie lernen die Kommunikation mit einem schwer behinderten Kind; sie sind dabei, ihren Unterricht von eher frontalen und ge-
schlossenen Formen zu grösseren Anteilen Offenen Unterrichts zu wandeln.
Diese Lehrerinnen und Lehrer zeigen in ihrem Verhalten zwei Voraussetzungen, die ich als die *wirklich notwendigen Vorbedingungen* seitens der Lehrerinnen und Lehrer für nichtaussondernden Unterricht einschätze; diese sind:

* *Die Bereitschaft zur Kooperation von mehreren Erwachsenen im Unterricht*

* *Die Akzeptanz der unterschiedlichen Lernziele für alle Kinder*

* *Freiwilligkeit*

* *Freiwilligkeit bei den Eltern behinderter Kinder*

Die Eltern sollten nie dazu gezwungen werden, ihr Kind in eine Schule oder
gar ein Internat zu schicken, wenn sie nicht davon überzeugt sind, dass dies
notwendig ist. Für Eltern behinderter Kinder sollte an allererster Stelle das
Prinzip der Freiwilligkeit gelten! Nur die Eltern können entscheiden, ob sie
die Vor- und Nachteile der Sonderschule *oder* der Regelschule wählen.

Stellen Sie sich vor, eine Mutter würde, um ihrer Berufstätigkeit nachgehen zu können, ihr Kind in eine besondere Schule ausserhalb des Wohnortes schicken. Schnell würde sie als Rabenmutter bezeichnet! Von den Müttern und Vätern behinderter Kinder wird verlangt, einer Schulsituation zuzustimmen, durch die ihre Kinder aus der gewohnten Umgebung einer Wohn-Nachbarschaft herausgenommen werden. Gerade Kinder mit Behinderungen brauchen den gemeinsamen Schulweg mit den nichtbehinderten Geschwistern und den Nachbarskindern. In der Schule treffen sie ihre Verabredungen für den Nachmittag. Nicht in der Schule dabeizusein, bedeutet unter den allgemeinen Bedingungen heutiger Kindheit, auch am Nachmittag oder am Wochenende nur sehr schwer oder gar keinen Anschluss zu bekommen. Weder Agnes noch Julian konnten in eine Grundschule ihres unmittelbaren Wohnumfeldes eingeschult werden. Bei beiden Kindern hatten sich die eigentlich zuständigen Grundschulen geweigert, ein behindertes Kind aufzunehmen. Die Nachmittagskontakte mit nichtbehinderten Kindern waren und sind für beide sehr erschwert; darin sehen die Eltern auch heute noch ein grosses Problem.

Freiwilligkeit bei den Eltern nichtbehinderter Kinder

Wenn Eltern nichtbehinderter Kinder gefragt werden, ob sie damit einverstanden sind, ihr Kind in eine Integrationsklasse zu schicken, wird der Eindruck geweckt, als seien diese Kinder ein besonderes pädagogisches Problem. Das sind sie aber in der Regel nicht, sondern es sind die verhaltensauffälligen Jungen. Über die wird jedoch nicht abgestimmt, ob sie in die Klasse integriert werden. (Und das ist auch gut so.)

Die Integration von Agnes vor nunmehr fast acht Jahren konnte intensiv vorbereitet werden. Von 23 Kindern hatten nur zwei Eltern Bedenken gegenüber der Integration; ein Elternpaar entschied sich nach einem Jahr, das eigene Kind aus dieser Klasse herauszunehmen und in eine Parallelklasse umzuschulen. Bei der Zusammenstellung von Julians 2. Klasse gab es mehr Anmeldungen von Eltern nichtbehinderter Kinder als berücksichtigt werden konnten.

Freiwilligkeit der Lehrer

Dieses Argument benutzen viele Lehrerinnen und Lehrer als Ventil dafür, dass sie an so vielen anderen Stellen nicht nach ihrer Einwilligung gefragt werden. Aber wie sähe denn der Unterricht für Ausländerkinder und für die Söhne alleinerziehender Mütter aus, wenn sich Lehrerinnen und Lehrer nur freiwillig mit diesen Kindern auseinandersetzen müssten? So lange etwas freiwillig getan werden darf, meinen viele Menschen, es allein deshalb ablehnen zu können und sich nicht auf die neue Aufgabe einstellen zu müssen. Stellen Sie sich vor, die Einführung von Computern in den Banken und in der Verwaltung wäre nur auf freiwilliger Basis erfolgt!

Zu der Arbeit der Lehrerinnen und Lehrer gehört auch der Unterricht mit behinderten Kindern. – Und die Lehrerinnen und Lehrer haben ein Recht darauf, dafür eine gute Fortbildung zu erhalten!

Solange die Aufgabe der Integration von Kindern mit Behinderungen der freiwilligen Entscheidung der Lehrerinnen und Lehrer überlassen bleibt, müssen sich die Engagiertesten von ihnen vor denjenigen rechtfertigen, die sich darauf berufen, dass sie freiwillige Leistungen nicht übernehmen. Die Arbeitgeber sind nicht gezwungen, angemessene Fortbildungen anzubieten.

Alle Lehrerinnen und Lehrer von Agnes und Julian haben sich freiwillig für diese Aufgabe entschieden. Die Klassenlehrerin von Julian leitet zum zweiten Mal eine Integrationsklasse; die Klassenlehrerin von Agnes hat auch in diesem Schuljahr wieder eine Integrationsklasse übernommen. Zur Zeit der erstmaligen Entscheidung war dies für die Lehrerinnen und Lehrer in Berlin noch etwas Ungewöhnliches und auch juristisch gesehen eine freiwillige Entscheidung. Die Lehrerinnen hatten damals recht erhebliche Auseinandersetzungen innerhalb ihres Kollegiums. Bei der zweiten Entscheidung waren viele der eher zurückhaltenden Kolleginnen und Kollegen dankbar, dass sie 'noch einmal davongekommen' sind – weil sich andere für diese Aufgabe entschieden haben. Diese – eher zurückhaltenden – Lehrerinnen und Lehrer wissen aber, dass sie sich mit der Aufgabe der gemeinsamen Erziehung von behinderten und nicht behinderten Kindern auseinandersetzen müssen, eben weil es nicht mehr ihrer Freiwilligkeit überlassen bleibt.

Damit komme ich am Schluss zu der innersten, persönlichsten Voraussetzung nichtaussondernder Erziehung von behinderten und nicht behinderten Kindern:

Wir alle müssen die Anteile in unserer eigenen Person annehmen können, die uns das Leben erschweren.

Das Ausweichen in Alkohol- oder Tablettenabhängigkeit, die Flucht in immer neue hektische Aktivitäten, die Gedanken, sich selbst ein schnelles und schmerzloses Lebensende bereiten zu wollen, wenn uns ein schweres Lebensschicksal trifft, das können unsere Anteile an Behinderungen sein, die jede und jeder von uns, der oder die sich als 'normal' begreift, vielleicht bewusster verarbeiten kann, wenn er oder sie auch den täglichen Gedankenaustausch mit einem Menschen akzeptiert, der eine Behinderung hat.

Für Lehrerinnen und Lehrer in der Schule ist es oft sehr schwierig, die unterschiedlichen Lebens- und Lernvoraussetzungen der Schülerinnen und Schüler wirklich zu akzeptieren. Der Wunsch ist gross, eine einheitliche Gruppe von problemlosen Kindern vor sich zu haben, die alle gerne lernen und in derselben Zeit mit denselben Methoden zu einheitlichen Lernzielen geführt werden können. Die Kinder, die diesen Vorstellungen der Lehrerinnen und

Lehrer nicht entsprechen, werden an vielen Orten zu leicht abgeschoben, in der Schule heisst dies: Sitzenbleiben oder Abschieben auf eine Sonderschule. Im übertragenen Sinne ist dies auch eine Form der Abtreibung. Lehrerinnen und Lehrer, die eine Integrationsklasse übernehmen, entscheiden sich, eine Gruppe von Kindern so zu übernehmen, wie sie sind, und über einen längeren Zeitraum zu begleiten, ohne dass ein Kind abgeschoben wird. Alle Kinder werden in ihrer Einmaligkeit akzeptiert und nicht ausgetauscht. Diese gleiche innere Einstellung ist für die Eltern notwendig. Wer sich für ein Leben mit einem Kind entscheidet, entscheidet sich für die Einmaligkeit dieses Kindes. Dazu muss auch die innere Einstellung gehören, das Kind so zu akzeptieren, wie es ist.

Gegenwärtig scheint es schon fast gesellschaftlich akzeptiert, nach einer Schwangerschafts-Vorsorgeuntersuchung ein Kind wegen einer Behinderung abzutreiben. Wohin wird diese Entwicklung führen? Auf der einen Seite sehe ich die Gefahr, dass vermehrt über den Lebenswert von Kindern mit Behinderungen nach ihrer Geburt diskutiert wird und über die Sterbehilfe für alte und kranke Menschen. Auf der anderen Seite besteht die Gefahr, dass mit Genforschung und Eingriffen in das Wachstum menschlicher Embryonen der Anschein erweckt wird, den perfekten Menschen herstellen zu können.

Zur inneren Voraussetzung nichtaussondernder Erziehung von Kindern mit Behinderungen gehört unabdingbar, *die Einmaligkeit und die individuelle Besonderheit jedes einzelnen Kindes zu akzeptieren.*

Zum weiterführenden Lesen

SCHÖLER, JUTTA: Integrative Schule – integrativer Unterricht. Ratgeber für Eltern und Lehrer. Reinbek 1993 (rororo-Sachbuch 9546).

CUOMO, NICOLA: Schwere Behinderungen in der Schule. Aus dem Italienischen übertragen und bearbeitet von Jutta Schöler, Bad Heilbrunn 1989.

GEHRMANN, PETRA & BIRGIT HÜWE: Forschungsprofil der Integration von Behinderten. Bochumer Symposion 1992, Essen 1993.

FEUSER, GEORG & HEIKE MEYER: Integrativer Unterricht in der Grundschule, Oberbiel 1987.

135

Sonderschulen und (hör)behinderte Kinder in Regelschulen[18]
René J. Müller

'Integration Ja! – Aber wie?' Durch diesen Leitgedanken für Ihre Tagung bringen Sie zum Ausdruck, dass Sie sich für die gemeinsame Beschulung Ihrer hörgeschädigten Kinder zusammen mit normal hörenden Kindern entschieden haben. Sie haben damit die Entscheidung für einen Weg getroffen, den viele – auch viele Eltern – schon vor Ihnen gegangen sind.[19] Aus dem Thema Ihrer Tagung geht auch hervor, dass Sie die Frage, ob eine Regelbeschulung Ihrer hörgeschädigten Kinder überhaupt wünschenswert, sinnvoll und praktikabel sei, bereits hinter sich gelassen haben. Sie gehen einen Schritt weiter – und dies ist ein wesentlicher Schritt! – Sie fragen, *wie* die gemeinsame Beschulung, *wie* die Integration am besten zu bewerkstelligen sei.

Wenn ich im folgenden über Erfahrungen im Zusammenhang mit der Verwirklichung von integrationsfördernden Rahmenbedingungen berichte, müssen Sie dabei berücksichtigen, dass meine Erfahrungen weitgehend auf Situationen, wie sie in der deutschsprachigen Schweiz anzutreffen sind, beruhen. Wie weit diese Erfahrungen auf Ihre Situation in Nordrhein-Westfalen übertragbar sind, gilt es anschliessend eingehend zu überprüfen.

---

[18] Dieses Referat wurde erstmals am 5. März 1994 in Düsseldorf in der Montessori-Schule am Freiligrathplatz, an der Tagung des 'Fördervereins Eltern und Freunde hörbehinderter Kinder Rheinland e. V.' vorgetragen. Vereinsadresse: Auf dem Sändchen 24, D–40764 Langenfeld, Tel. 0049/217 38 32 38.

[19] Stellvertretend seien hier folgende Personen erwähnt: GRASER 1850, BLANCHET zwischen 1850 und 1860, LÖWE 1958, HELDSTAB 1958, SCHMID-GIOVANNINI, WEISSEN, dann LYNAS und viele andere seit den 70er Jahren. BLANCHET (1856), der damalige Direktor der Nationalen Taubstummenanstalt St. Jacques in Paris, argumentierte u. a., dass es für die Psyche des taubstummen Kindes schädlich sei, es schon so früh aus der Familie und der vertrauten Umgebung herauszureissen.

Die Situation in der deutschsprachigen Schweiz

Vorerst werde ich Ihnen über den Stand der 'Integration' bzw. korrekterweise der 'Nicht-Aussonderung' hörgeschädigter Kinder in einigen Regionen der deutschsprachigen Schweiz berichten: Im Kanton Bern werden rund 95% aller schwerhörigen Kinder in Regelklassen unterrichtet, in der Region Zürich und Basel etwa 90%. Bei den resthörigen Kindern (mittlerer Hörverlust auf dem besseren Ohr grösser als 90 dB) liegt dieser Wert noch nicht so hoch, steigt aber ebenfalls rasch an. Die hauptsächlichen Faktoren, die dafür verantwortlich sind, kennen Sie wahrscheinlich:

1. Früherkennung bzw. Früherfassung der Hörschädigung
2. Versorgung der Kinder mit Hörgeräten, FM-Anlage oder Cochlear Implant
3. Psychologische Elternbegleitung
4. Hörgerichtete Frühförderung und Elternanleitung zu Hause durch AudiopädagogInnen
5. Therapeutische Begleitung der Kinder und Beratung der Kindergärtnerin im Regelkindergarten durch AudiopädagogInnen oder WanderlehrerInnen
6. Regelschulvorbereitende und begleitende Massnahmen, angefangen bei der Beratung der Lehrkräfte, der Behörden, dem Sprachaufbau und dem Stützunterricht bei den Kindern bis hin zum zeitlich begrenzten oder durchgehenden Team-Teaching von Regelschul- und HörgeschädigtenlehrerIn in der Regelschulklasse durch AudiopädagogInnen, WanderlehrerInnen oder pädagogisch-psychologische BeraterInnen
7. Empathieförderung auf allen genannten Stufen
8. Reduktion der Klassengrösse
9. Optimierung der Klassenzimmer bezüglich Halligkeit und Ausleuchtung

Die angeführten Prozentwerte allein sagen nicht viel über die tatsächlich realisierte Betreuungsqualität aus. Ich will dies näher erläutern: Zwischen 1986 und 1993 baute ich – zusammen mit CHRISTIAN HELDSTAB, dem Leiter der Abteilung Logopädie/Pädaudiologie der Universitäts Kinderklinik Zürich – eine pädagogisch-psychologische Beratungsstelle für hörgeschädigte Kinder und Jugendliche in Regelschulen[20] auf. Das folgende Diagramm zeigt, dass die Zahl der zu betreuenden Kinder in diesem Zeitraum von etwa 100 auf 300 anstieg. Ebenfalls ersichtlich ist die entgegengesetzte Veränderung der Schülerzahlen in den Sonderschulen für Hörgeschädigte.

---

[20] Dies war eine Abteilung der staatlichen Gehörlosenschule Zürich, an der ich zuvor während sieben Jahren als Gehörlosenlehrer tätig war.

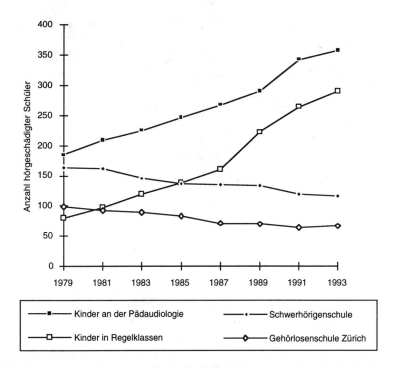

Entwicklung der Schülerzahlen in Regelklassen und in Hörgeschädigtenschulen

- ■ — Kinder an der Pädaudiologie
- • — Schwerhörigenschule
- □ — Kinder in Regelklassen
- ◆ — Gehörlosenschule Zürich

Für die hörgeschädigtenspezifische Begleitung, wie sie oben durch die Punkte 5, 6 und 7 angedeutet ist, standen insgesamt zwei Lehrerstellen zur Verfügung. Wie intensiv die Betreuung unter diesen Umständen war, kann man sich leicht vorstellen. Ich will damit nicht sagen, dass die meisten der hörgeschädigten Kinder schlecht betreut waren. Ein grosses Mass an Einfallsreichtum war jedoch unerlässlich, um die vielfältigen Aufgaben wenigstens ansatzweise zu bewältigen. Beispielsweise führten wir in regelmässigen Abständen Workshops für Kindergärtnerinnen, Lehrerinnen und Lehrer, für Logopädinnen und Eltern durch, um jene Personen, in deren Obhut die hörgeschädigten Kinder täglich stehen, zu befähigen, sich so gut wie möglich in die Kinder hineinzuversetzen und sie so gut wie möglich im Alltag zu fördern. Dennoch konnten nicht alle Kinder eine optimale Unterstützung erfahren, obwohl unsere wöchentliche Arbeitszeit weit über der üblichen 42-Stunden-Woche lag.

Analysieren wir die beschriebene Situation kurz. Weshalb war sie in vielen Bereichen unbefriedigend? Viele Aufgabenfelder, in denen wir unsere Aktivitäten entwickelten, waren neu (vgl. die umseitige Darstellung).

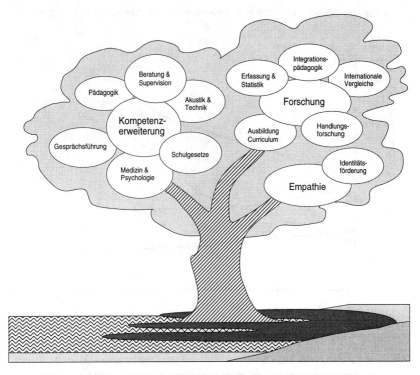

Aufgabenfelder eines pädagogisch-psychologischen Förderzentrums für (hör)behinderte Kinder und deren ökosystemisches Umfeld (R. J. Müller)

Um diese Aufgaben zur Befriedigung aller im Erziehungsprozess involvierten Personen erfüllen zu können, waren wir mit der Notwendigkeit konfrontiert, neben einer permanenten persönlichen Kompetenzaneignung unsererseits, zusätzlich eine systematische Überzeugungsarbeit bei den übergeordneten Entscheidungsträgern zu leisten. Die komplexen pädagogisch-psychologischen Aspekte unserer Tätigkeit verlangten von den Vertretern dieser Stellen jedoch ein grösseres Mass an Empathie als diese aufzubringen bereit oder fähig waren. Dadurch konnte bei ihnen lediglich eine *mangelnde Einsicht* in das interdependente Netzwerk unserer Bemühungen entstehen. In der Folge war auch ein *mangelndes Verständnis* für die komplexen pädagogisch-psychologischen Notwendigkeiten der je individuellen Situationen der betroffenen hörgeschädigten Kinder bzw. deren Eltern und LehrerInnen möglich. Als Folge hiervon wurde dann lediglich eine *mangelnde* Unterstützung in personeller, finanzieller und materieller Hinsicht seitens der verantwortlichen Personen in Schule und Verwaltung gewährt.

War es aber wirklich nur das? Betrachten wir einmal das, was im Vorwort von DIETRICH DÖRNERs Buch 'Die Logik des Misslingens' geschrieben steht:

"Komplexität erzeugt Unsicherheit. Unsicherheit erzeugt Angst. Vor dieser Angst wollen wir uns schützen. Darum blendet unser Gehirn all das Komplizierte, Undurchschaubare, Unberechenbare aus. Übrig bleibt ein Ausschnitt – das, was wir schon kennen. Weil dieser Ausschnitt aber mit dem Ganzen, das wir nicht sehen wollen, verknüpft ist, unterlaufen uns viele Fehler – der Misserfolg wird logisch programmiert." (DÖRNER 1993)

Angst als zentrales Element einer (unbewussten) Verhinderungspolitik, für die im besten Fall nur einer, in unserem Fall jedoch viele hörgeschädigte Kinder und deren Bezugspersonen büssen müssen?! Ich lasse die Frage offen; Tatsache ist, dass in der Region Zürich seit Anfang der 90er Jahre eine Stagnation in der Betreuung der integrativ beschulten hörgeschädigten Kinder eintrat.

Wo stehe ich persönlich heute? Seit dem vergangenen Sommer leite ich die Gehörlosen- und Sprachheilschulen von Riehen und Arlesheim bei Basel. Als ich diese Stelle annahm, fragten mich viele, ob dies denn nicht in direktem Widerspruch zu meiner Überzeugung von gemeinsamer Beschulung behinderter und nicht behinderter Kinder und Jugendlicher stehe. Vielleicht fragen sich dies auch einige unter Ihnen. Meine Antwort darauf ist einfach: Nein, das ist kein Widerspruch! Im Gegenteil, es ist eine logische Fortsetzung meiner bisherigen Anstrengungen. In Basel nehme ich eine andere hierarchische Stellung im Machtsystem Schule ein. Zudem ist meine Einrichtung eine private Stiftung. Ich habe also wesentlich mehr Kompetenzen als ich in einer staatlichen Einrichtung hätte. So geniesse ich beispielsweise – dank den vielen überzeugenden erfolgreichen Beispielen von integrativ beschulten hörgeschädigten Kindern, wie ich sie etwa in meinem Buch "… ich höre – nicht alles!" beschrieben habe – bei der Weiterentwicklung der Sonderschule zu einem 'pädagogisch-psychologischen Beratungs- und Förderzentrum für Hör- und Sprachgeschädigte' auf breiter Front auch die Unterstützung der zuständigen Behörden. Nicht zuletzt aus diesem Grund konnten bereits im ersten halben Jahr meiner Tätigkeit in Basel einige entscheidende Verbesserungen in der Beschulung hörgeschädigter Kinder verwirklicht werden, wie die folgenden Beispiele dies illustrieren:

- Integrationsklasse mit zwei mehrfachbehinderten resthörigen Kindern, von denen eines mit Hilfe von Gebärdeneinsatz unterrichtet wird
- Schaffung eines gemischten Kindergartens auf den Sommer 1994
- Bildung zweier Integrationsklassen auf den Sommer 1994
- Integration mehrerer bisher segregativ beschulter hör- bzw. sprachbehinderter Kinder
- Einführungskurse für Regelschullehrer und Eltern

- Supervisionsgruppe für LehrerInnen mit hörgeschädigten Kindern in ihrer Integrationsklasse bzw. in ihrer Regel- oder Kleinklasse
- interne LehrerInnenfortbildung
- Gespräche zur Einflussnahme bei der Gestaltung der Ausbildungspläne für SonderschullehrerInnen

So wird sichtbar, dass es möglich ist, vermehrt Verständnis und Unterstützung für die besonderen Bedürfnisse hörgeschädigter Kinder in Regelschulen zu finden. Dass ich dabei auch auf die Unterstützung gleichgesinnter SchulrektorInnen, Pädagoginnen, Pädagogen, Mediziner und Eltern gestossen bin, ist allerdings nicht nur eine nicht zu unterschätzende Hilfe, sondern geradezu eine unerlässliche Bedingung.

Die Situation in Nordrhein-Westfalen

Erst jetzt, auf dem Hintergrund dieses Vorwissens, können wir uns auf die Situation in Nordrhein-Westfalen einlassen. Dazu müssen wir uns vorerst über einige Dinge klar werden; wir müssen einige der Komponenten Ihres Schulsystems – Systemkomponenten also – kennen. Wir können dies anhand einiger Fragen, die als Denkanstösse gedacht sind, tun:

- Existieren in Ihrem Bundesland gesetzliche Regelungen für die Integration (hör)behinderter Kinder? (Integrationsgesetz oder -verordnung) Meines Wissens sind gesetzliche Regelungen in Vorbereitung. Bisher gibt es allerdings zahlreiche Schulversuche, über die bei den Schulämtern der Kreise und der kreisfreien Städte sowie bei den fünf Regierungspräsidenten Arnsberg, Detmold, Düsseldorf, Köln und Münster Informationen eingeholt werden könnten. (SCHÖLER 1993, 340)

- Wird die gemeinsame Beschulung hörgeschädigter und hörender Kinder bereits praktiziert? In welchen Regionen? Welche Resultate liegen darüber vor? Gibt es Grenzen bei der Intergration hörgeschädigter Kinder? (Mehrfachbehinderungen, mittlerer Hörverlust oder ähnliches?) Wer legt gegebenenfalls solche Grenzen fest? Über welche Erfahrungen mit hörgeschädigten Kindern in Regelklassen verfügen diese Personen im konkreten Einzelfall? Sind diese Personen tatsächlich kompetent in dem Bereich, in dem sie Entscheidungen treffen? Welches sind die zuständigen Stellen in den Ministerien? (Schulamt oder Gesundheitsamt?)

- Was ist der Beitrag der regionalen Sonderschulen für Hörgeschädigte in dieser Frage? Engagieren sie sich aktiv für die Belange der ihnen anvertrauten Kinder und deren Eltern? Oder wird eine Politik betrieben, die lediglich dem Erhalt der traditionellen Sonderschulen dient, ohne dass diese noch eine Existenzberechtigung haben?

142

- Welche Unterstützung erhalten die Eltern in den verschiedenen Phasen der Erziehung und Beschulung ihrer hörgeschädigten Kinder und Jugendlichen durch andere Einrichtungen als den Sonderschulen für Hörgeschädigte?

- Welche Literatur oder anderen pädagogischen Hilfen stehen Eltern, LehrerInnen und TherapeutInnen zur Verfügung? (LÖWE 1987; ZAUGG 1988; SCHÖLER 1991, 1993; MÜLLER 1994)

- Welche Eltern und Fachleute aus der Hörgeschädigtenpädagogik, der Psychologie und der Medizin sind fähig und zeitlich in der Lage, notwendige Verhandlungen mit den Behörden zu führen?

Die Beantwortung dieser Fragen kann schon viel Klarheit bringen. Von Vorteil ist es, wenn solche Fragen in enger Zusammenarbeit mit den zuständigen Sonderschulen und den verantwortlichen Behördenvertretern betrachtet und beantwortet werden können. Ein konstruktiver Dialog ist also in jedem Fall anzustreben. Die Sonderschulen verfügen in der Regel über genügend pädagogische und finanzielle Ressourcen, um auch eine gemeinsame Beschulung hörgeschädigter und hörender Kinder zu gewährleisten.

Was ist nun zu tun, wenn eine Sonderschule die Integration (hör)behinderter Kinder verbal zwar unterstützt, im grunde genommen ihren Zusicherungen jedoch keine oder nur ungenügende Taten folgen lässt? Zuerst muss man sich die Frage stellen, weshalb die Verantwortlichen der Sonderschule so handeln? Ist ihnen der komplexe Sachverhalt integrativer Beschulung bewusst? Es könnte durchaus sein, dass die Sonderschule tatsächlich das Ziel hat, (hör)behinderte Kinder in Regelklassen *irgendwie* zu unterstützen. Das Problem liegt dann vermutlich darin, dass ein solches Ziel, so gut es gemeint sein mag, für eine effiziente Handlungsregulation völlig unbrauchbar ist. *Irgendwie unterstützen* heisst nämlich "ziemlich viel und ziemlich viel Verschiedenes und deshalb zunächst überhaupt nichts." (DÖRNER 1993, 87) *Irgendwie unterstützen* ist ein komplexes und recht globales Ziel. Ehe man daran gehen kann, den Betroffenen und ihren Bezugspersonen *'irgendwie Unterstützung'* zukommen zu lassen, muss man die Komponenten des unklaren Ziels *'irgendwie unterstützen'* so gut wie möglich identifizieren; man sollte es in seine Komponenten zerlegen und sich diese und ihre Zusammenhänge so gut wie möglich vor Augen führen.

Genau hier liegt für viele offensichtlich die erste grosse Schwierigkeit. Sie führen keine Dekomposition des Komplexziels durch. Sie machen sich nicht klar, dass *'irgendwie unterstützen'* ein Komplexbegriff ist, der viele verschiedene Komponenten und ihre Bezüge zueinander zusammenfasst. So mögen SchulleiterInnen das Ziel *'irgendwie unterstützen'* nehmen und zu handeln beginnen. "Besser gesagt, sie wursteln los. Die Nichtauflösung eines Komplexziels in Teilziele aber führt fast notwendigerweise zu einem Verhalten, welches man 'Reparaturdienstverhalten' nennen könnte." (DÖRNER 1993, 88) So

143

wird beispielsweise vielleicht im Bereich der Frühförderung durchaus Hilfe angeboten, im weiterführenden Schritt, im Regelkindergarten oder beim Eintritt in die Regelschule, nimmt die Sonderschule ihre Hilfestellungen jedoch zurück bzw. unterlässt sie.

Ein sinnvolles Vorgehen in einer solchen Situation liegt darin, dass das Komplexziel *'irgendwie unterstützen'* gemeinsam mit den Verantwortlichen von Sonderschule und Behörden analysiert und dann die entsprechenden notwendigen Schritte gemeinsam verbindlich festgelegt werden.

Was ist zu tun, wenn in einer Gegend die Sonderschule für Hörgeschädigte generell gegen eine gemeinsame Beschulung ins Feld zieht? Wieder sollte erst einmal die Frage gestellt werden, weshalb die verantwortlichen Personen so handeln? Dafür gibt es – neben dem oben erwähnten Grund – manche Erklärungen. Eine davon ist die der 'Reduktiven Hypothese'. Beispiele hierfür findet man in der Tagespresse zuhauf.

> "Jeder absonderliche Hagelschlag wurde in den fünfziger Jahren auf die Atombombenversuche zurückgeführt, die damals noch häufiger waren als heute. Wenn die Seehunde in der Nordsee sterben, so kann daran nur der ökologisch schlechte Zustand der Nordsee schuld sein. (Die Tatsache, dass ausgerechnet diejenigen Seehunde zuerst starben, die in weniger belasteten Gebieten leben, hat auf die öffentliche Hypothesenbildung wenig Einfluss.) ..." (DÖRNER 1993, 133)

Man *reduziert* alles irgendwie *auf eine gemeinsame Ursache*. Diese trägt die Schuld dafür, dass alles *irgendwie* nicht mehr so richtig läuft wie früher.

Dass die Unterstützung (hör)behinderter Kinder und Jugendlicher in Wirklichkeit eingekapselt ist in ein ganzes Netz von Rückkopplungen und Fliessgleichgewichten (MÜLLER 1994), scheint gar nicht erst wahrgenommen zu werden. Es ist ja auch gar nicht so einfach.

> "Die Tatsache, dass solche reduktiven Hypothesen Welterklärungen aus einem Guss bieten, erklärt vielleicht nicht nur ihre Beliebtheit, sondern auch ihre Stabilität. Wenn man einmal weiss, was die Welt im Innersten zusammenhält, so gibt man ein solches Wissen ungern auf, um wieder in die unübersichtlichen Gefilde eines nichthierarchisch gegliederten Netzes wechselweiser Abhängigkeiten zu geraten. Unübersichtlichkeit schafft Unbestimmtheit, Unbestimmtheit schafft Angst. Dies mag einer der Gründe sein, dass man an solchen reduktiven Hypothesen hängt." (DÖRNER ebd.)

Ein Mittel, um einmal aufgestellte Hypothesen aufrechtzuerhalten, ist die 'hypothesengerechte' Informationsauswahl. Informationen, die nicht der jeweiligen Hypothese entsprechen, werden einfach nicht zur Kenntnis genommen. Dieser Erklärungsversuch mag etwas negativ erscheinen. Tatsächlich steckt hinter solchem Verhalten jedoch selten ein bewusstes Handeln. Vielfach beruht die Reduktion auf eine einzige Ursache auf einzelnen mehr oder weniger konkreten Erlebnissen. Vielleicht wurde ein Fall von einem (hör)behinderten Kind in einer Regelklasse bekannt, bei dem nicht alles oder sogar fast nichts so war, wie es idealerweise hätte sein müssen. Einige Zeit später hört man noch von einem ähnlichen Fall. Jetzt passiert etwas sehr Gefährliches: Wir *übergeneralisieren* aufgrund weniger Faktoren und gewinnen daraus ein vermeintlich allgemein gültiges Bild.[21] Welches die tatsächlichen Gründe für die unbefriedigende Situation der behinderten Kinder in Regelklassen waren, wird wohl nur in den seltensten Fällen nachgefragt, und wenn, dann würde vielleicht gerade klar werden, dass mangelnde Unterstützung durch die dafür verantwortlichen Sonderschulen eine der entscheidenden Ursachen war.

Ökosystemische Aspekte

Jenen, die sich eingehend mit Ökosystemen auseinandersetzen möchten, empfehle ich die Bücher von JUTTA SCHÖLER, Berlin, (1987, 1991, 1992, 1993) und ALFRED SANDER, Saarland, (1985, 1988, 1990, 1992, 1993), zwei der massgeblichen VertreterInnen ökosystemischer Zusammenhänge. Daneben sind Autoren wie KURT LEWIN (1982), THOMAS HAGMANN (1990), ROLF HUSCHKE-RHEIN (1990) aufschlussreich.

Zwei fiktive Kinder, *Petra* und *Peter*, sollen als Beispiele dienen, die zeigen, wie eng ökosystemische Aspekte miteinander verzahnt sind: Petra wohnt in der Gemeinde x. Petra ist zwar hochgradig hörgeschädigt, aber dank einer frühzeitigen Erkennung der Hörschädigung und einer unverzüglichen Hörgeräteanpassung konnte sehr früh mit der Frühförderung begonnen werden. In der Pädaudiologie traf die Mutter auf eine Therapeutin, bei der sie spürte, dass sie 'das Heu auf der gleichen Bühne haben', wie man bei uns sagt, wenn man ausdrücken will, dass man etwa 'die gleiche Wellenlänge' hat oder eben etwa das gleiche Bild von der Welt wie eine andere Person. Entsprechend gern arbeitete das Kind mit der Therapeutin und der Mutter. Die Entwicklung der Persönlichkeit des Kindes verlief denn auch in jeder Hinsicht erfolgreich: Ein ausgeglichenes, zufriedenes und bald verständlich sprechendes Mädchen. Für den Kindergarten konnte eine erfahrene Kindergärtnerin dafür begeistert werden, das Mädchen in die Gruppe aufzunehmen. Der pädagogische Berater kümmerte sich mit den Verantwortlichen des Schulamtes darum, dass im Kindergarten ein schallschluckender Teppich verlegt und unter der schallschluckenden Gipsdecke eine optimale Beleuchtung installiert wurde. Die Kindergartenzeit verlief – wie zu erwarten war – erfolgreich. Frühzeitig

---

21 Schön zeigt dies auch das Beispiel von FERMAT, der aufgrund von vier Beispielen zur Überzeugung gelangte, er hätte ein allgemein gültiges Verfahren für die Erzeugung von Primzahlen entdeckt (DÖRNER 1993, 135 ff.).

wurde der Übertritt in die erste Regelklasse vorbereitet. Eine junge Lehrerin, direkt vom Seminar, brannte darauf, eine solche Herausforderung anzunehmen. In der Schulverwaltung war man wiederum bereit, alles nur Erdenkliche zu unternehmen, um für das hörgeschädigte Kind eine optimale Lernumgebung zu schaffen. Die Lehrerin erhielt ein schönes, helles und ruhiges Klassenzimmer. Die Klasse wurde klein gehalten. Die Lehrerin wurde sorgfältig vom pädagogisch-psychologischen Berater in ihre Aufgabe eingeführt und unterstützt. Die Audiopädagogin wurde nun durch die Logopädin, die bereits im zweiten Kindergartenjahr als neue Bezugsperson eingeführt wurde, mehr und mehr abgelöst. Auch hier in der Schule entwickelte sich die Situation zur allseitigen Zufriedenheit.

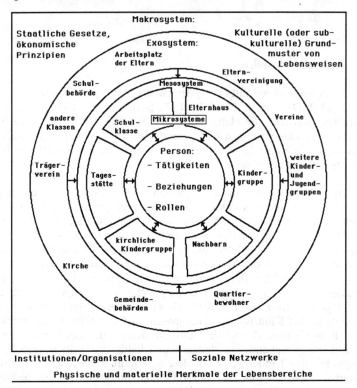

System-ökologische Definition von Behinderung (nach Alfred Sander; 1988):

"Behinderung liegt vor, wenn ein Mensch auf Grund einer Schädigung oder Leistungsminderung ungenügend in sein vielschichtiges Mensch-Umfeld-System integriert ist."

Ökosystem nach ANDREAS BÄCHTOLD (1991); Vorlesungszyklus 'Integrative Pädagogik' am Institut für Sonderpädagogik, Universität Zürich

Ändern sich nun einige Komponenten wie im Beispiel von Peter, der sogar ein wenig besser hört als Petra und ebenfalls eine gute Frühförderung genoss, wird ersichtlich, dass damit das gesamte Projekt der gemeinsamen Beschulung gefährdet wird. Peter wohnt jedoch in der Gemeinde y. Die Kindergärtnerin der Gemeinde hört von einem Vertreter der Gehörlosenschule: "*Die* Arbeit würde ich mir an Deiner Stelle schon nicht aufbürden. Du hast ja noch 17 andere Kinder im Kindergarten. Wie willst Du das überhaupt schaffen? Wir in der Sonderschule haben nur vier Kinder in der Gruppe, und schon da bringen wir die Kinder nicht immer zu einer verständlichen Lautsprache." Wie ungünstig die Ausgangslage für eine nichtaussondernde Erziehung und Beschulung von Peter damit ist, kann man sich leicht vorstellen!

Was daraus gelernt werden kann, ist folgendes: Systeme sind nicht einfach übertragbar. Systeme dürfen nicht *über-verallgemeinert (übergeneralisiert)* werden. Jedes Kind lebt in einem eigenen, in seinem einmaligen Ökosystem. Eine Regel wie: "Ein hörgeschädigtes Kind kann nur in einer Integrationsklasse erfolgreich beschult werden!" ist falsch. Die Handlungsregeln, die im Falle der gemeinsamen Beschulung von (hör)behinderten Kindern angewandt werden müssen, sind mehr von der Form: "Wenn a und b und c, dann gilt x! – Wenn aber a und c und d, dann gilt y! – Und wenn a und e und g, dann z!" In all diesen Systemen sind Schematisierungen und Reglementierungen gefährlich. Das Handeln muss den jeweiligen Zusammenhängen und Situationen angepasst werden, und muss immer wieder neu auf die sich wandelnden Umstände zugeschnitten werden. Dies ist natürlich sehr schwierig, bei weitem schwieriger als der Umgang mit wenigen allgemeinen Handlungskonzepten. Man muss jeweils ein genaues Bild der sich ändernden Bedingungen erhalten und darf nicht glauben, dass das Bild, welches man einmal von der Situation gewonnen hat, endgültig sei. Es bleibt alles im Fluss, und man hat sein Handeln auf die fliessenden Bedingungen einzustellen.

Kommen wir nun zurück auf die Beschulung Ihrer Kinder: Offensichtlich gibt es noch immer einzelne Bundesländer, in denen VertreterInnen von Sonderschulen und Behörden der Meinung sind, es sei eine unrealistische Utopie, hörgeschädigte und normal hörende bzw. behinderte und nicht behinderte Kinder gemeinsam erziehen und beschulen zu können. Da die notwendigen Gegenbeweise jedoch längst erbracht sind, stellt sich die Frage, weshalb einige mit diesem Weg dennoch Mühe haben. Ich denke, dass die Antwort darin liegt, dass die Bereitschaft, sich auf die veränderten ökosystemischen Gegebenheiten einzulassen dadurch behindert wird, dass krampfhaft versucht wird, bei der gemeinsamen Beschulung nach den in Sonderschulen bisher üblichen Strategien vorzugehen. Dieses Prinzip kann jedoch nicht funktionieren, denn die ökosystemischen Verhältnisse sind heute nicht mehr dieselben wie vor fünfzig oder auch vielleicht auch noch vor vierzig Jahren. Es gibt heute in vielen Gegenden Europas eine effiziente hörgerichtete Frühförderung, und es gibt heute gute Hörgeräte. Zudem sind viele Kinder, die früher taub waren, dank dem *Cochlear Implant (CI)* in den Hörbereich von Schwerhörigen 'ge-

147

rutscht'. Diese veränderten ökosystemischen Bedingungen werden offensichtlich von den betroffenen Eltern schneller und umfassender realisiert als von den zuständigen Fachleuten in Pädagogik und Verwaltung. Es gibt eine grosse Zahl von Beispielen, die zeigen, dass es vielen Menschen nicht leicht fällt, aufgrund beobachtbarer Entwicklungen, Prognosen für die Zukunft zu stellen.[22] Wie kommt es, dass selbst wissenschaftliche Institutionen, die sich beruflich täglich mit Prognosen beschäftigen, grosse Mühe damit haben, künftige Entwicklungen zutreffend einzuschätzen? Eine Antwort auf diese Frage erhält man, wenn man die Verfahren betrachtet, die zum Zwecke von Voraussagen verwendet werden: Man geht von einem gedachten Modell aus und extrapoliert aufgrund dieses Modells vom gegenwärtigen Zustand auf einen *vermuteten* zukünftigen. Genau hier liegt jedoch oftmals die Ursache für die Falscheinschätzung sich anbahnender Entwicklungen. Wir kommen nicht darum herum, unsere Gedanken in neue Bahnen zu lenken, wir müssen umstrukturieren, nur so finden wir erfolgversprechende Lösungsansätze.[23] Menschen scheinen eine starke Tendenz zu haben, sich die Zukunft als Fortschreibung der Gegenwart vorzustellen.

Was können wir aus diesen Überlegung auf unsere Situation übertragen? Hörgeschädigte Kinder, die zusammen mit ihren hörenden Freunden und Freundinnen in Regeleinrichtungen unterrichtet werden, sind in der Regel erfolgreich. Beweise dafür sind in den letzten rund 35 Jahren erbracht worden (vgl. z. B. MÜLLER 1994). Wenn das in einigen Bundesländern bisher nur wenige Kinder sind, sollte daraus nicht abgeleitet werden, dass das auch so bleiben wird. Entwicklungen in anderen Ländern zeigen, dass sich dies sehr rasch ändern kann. Damit die Sonderschule weiterhin eine Existenzberechtigung hat, muss sie sich um *neue Strategien* und neue Konzepte bemühen, die eng mit den Regelschulen verknüpft sind. Niemand soll jedoch dem Trugschluss verfallen, dass das weniger Arbeit für Kind und Eltern bedeutet. Es ist jedoch die Grundlage für eine ausgeglichene und starke Persönlichkeitsentwicklung, die durch die internationalen Menschenrechte jedem Kind (und auch dessen Eltern) zusteht.

---

22 Vgl. dazu beispielsweise DÖRNER 1993, 196 'Prognose des Automobilbestandes in der Bundesrepublik und tatsächliche Entwicklung bis zum Jahre 1984.
23 DÖRNER (1993, 188-192) beschreibt weitere Beispiele, die den Umstrukturierungsprozess veranschaulichen.

Zusammenfassung

• Ein Integrationsgesetz allein bedeutet nicht automatisch auch eine Gewähr für eine erfolgreiche Integration aller (hör)behinderter Kinder.

• Eine gesetzliche Verankerung, ein Recht auf gemeinsame Beschulung, bringt ebenfalls nicht automatisch die notwendigen personellen, finanziellen und pädagogischen Voraussetzungen für eine erfolgreiche Integration aller (hör)behinderter Kinder.

• Integrationsgesetz bzw. gesetzliche Verankerung von Integration sind lediglich zwei Aspekte innerhalb eines riesigen Geflechts gegenseitig voneinander abhängiger Systemkomponenten, die gesamthaft das jeweils individuelle kindliche Ökosystem darstellen.

• Allgemein gültige Richtlinien, die durch gesetzliche Verordnungen garantiert sind, sind nützlich, um die individuellen ökosystemischen Rahmenbedingungen so zu beeinflussen, dass dadurch die gemeinsame Beschulung eines bestimmten Kindes eher möglich wird.

• Im jeweiligen Ökosystem Kind-Schule können die einzelnen Aspekte – je nach individueller Situation – unterschiedliche Gewichte haben. Für ein Kind mag ein langer Schulweg ein Problem darstellen, für ein anderes kann dies eine Nebensache sein, wenn es dabei nur mit seinen Kameraden und Kameradinnen zusammen sein kann. Das bedeutet, dass es kein allgemein gültiges Rezept gibt, das auf alle Kinder angewendet werden kann. Notwendig sind Strategien, die ein individuelles Vorgehen ermöglich.

• Bei jedem Kind sind die ökosystemischen Bedingungen anlässlich regelmässiger Besprechungen zwischen allen an der Erziehung und Beschulung beteiligten Personen auf ihre Noch-Aktualität hin zu überprüfen. Nur so wird gewährleistet, dass auf Veränderung einzelner Systemkomponenten rasch und unbürokratisch reagiert werden kann.

• Die bestehenden Sonderschulen müssen ihren Aufgabenkatalog überdenken und den neuen Gegebenheiten anpassen.

• Eine Aufgabe der Sonderschule ist, die Eltern als die Experten ihrer behinderten Kinder als vollwertige Partner zu akzeptieren und ihnen bei der Überwindung ihrer Zweifel, sie könnten alles falsch machen, zu helfen. Selbstverständlich muss das Mitspracherecht der Eltern garantiert sein, wenn es darum geht, Beschulungsart und individuelle Unterstützung für das Kind festzulegen.

Um die Erfüllung möglichst vieler dieser Aspekte zu gewährleisten, ist für einzelne Institutionen eine Umstrukturierung ihrer Leitbilder unumgänglich.

Die von der Regelschule[24]
Sigrid & Uwe Martin

Wir haben über den Titel unseres Beitrags: *'Die von der Regelschule'* nachgedacht – ein Titel, der gleichermassen spontan und salopp formuliert, wie auch emotionsbeladen ist.

Wie wird die Satzeinleitung 'Die von ...' eigentlich allgemein benutzt? Von einer Position des Beobachters aus – unter Umständen auch abgrenzend und abwertend!! Und wer wird beobachtet, vielleicht auch kritisch, und von wem? In unserem Falle sind es die hörgeschädigten Schüler in der Regelschule, die von den Lehrern, den Schülern aus der Schule für Hörgeschädigte oder von ihren Eltern beobachtet werden!

Auf der anderen Seite könnten allerdings die Schülerinnen und Schüler in der Regelschule Vergleichbares, auch emotional Aufgeladenes, von den Hörgeschädigten in der Schule für Hörgeschädigte denken, im Sinne von: 'Die von der Sonderschule'.

So abgrenzend wollen wir also *weder* das Thema und *vor allem nicht* die Situation selbst verstanden wissen. Uns geht es bei der Titelzeile darum, darauf hinweisen zu können, dass es nicht nur die eine oder die andere Möglichkeit von Beschulung gibt – auch wenn *jede Familie* ihr Kind immer nur in *einer* Schule haben kann und hat – sondern eher darum, dass beide Beschulungen in einem Bildungssystem bestehen. Daraus entsteht ein Beziehungsgeflecht mit Möglichkeiten, Anregungen aber auch Interessenüberschneidungen.

---

[24] Dieses Referat wurde erstmals am 5. März 1994 in Düsseldorf in der Montessori-Schule am Freiligrathplatz, an der Tagung des 'Fördervereins Eltern und Freunde hörbehinderter Kinder Rheinland e. V.' vorgetragen.

Systemisch gesehen sind demnach alle von Veränderungen wie auch von Nichtveränderungen betroffen: alle Regelschüler und alle, die in der Schule für Hörgeschädigte sind, – also Lehrer, Schüler und auch die Elternschaft der Spezialschule. Das heisst: Das gesamte System Schule (Regelschule und Schule für Hörgeschädigte) ist betroffen.

In diesem Beziehungsgeflecht, in diesem System, von Schule für Hörgeschädigte und Regelschule lernt und lebt also auch der hörgeschädigte Schüler der Regelschule. Aber seine eigentlichen Partner sind die Schüler der Regelschule, die Lehrer der Regelschule, der ihn betreuende Lehrer für Hörgeschädigte, sicher auch die Eltern der Mitschüler.

Trotz aller systemischer Verbindlichkeiten und Eingebundenheit ist aber wichtig zu betonen:

Hörgeschädigte Schüler sind nicht zuständig für die Existenz der Schule – auch nicht für die Existenz der Hörgeschädigtenschule. Und die Lehrer sind nicht dazu da, eine Schule oder ein bestimmtes System von Schule aufrecht zu erhalten. Das gilt vor allem dann, wenn es andere Möglichkeiten der Beschulung gibt, die von den Eltern – auch in Abweichung von bisherigen Systemen – gewünscht und gefordert werden.

Mit diesem Statement nehmen wir nun eine *Titeländerung* vor und zwar: *'Die in der Regelschule'*. Wir als Lehrer für Hörgeschädigte mit der Aufgabe der Betreuung von hörgeschädigten Schülern in Regelschulen sitzen mit unseren Schülern in einem Boot, gemeinsam mit den Eltern und Lehrern der Regelschule. Es ist ein grosses Boot – wesentlich grösser als das der Spezialschule – in dem wir dafür sorgen, dass die hörgeschädigten Schülerinnen und Schüler ihre Wache gehen und es auch tun können – um in der Sprache der Schifffahrt zu bleiben. Auch bei dieser Aussage gilt, dass das grosse Boot ein gemeinsames Ziel und eine Crew hat, zu der dann tatsächlich die gesamte Schülerschaft, die gesamte Elternschaft und das Kollegium zählen.

Sich allein nur für die Hörgeschädigten verantwortlich zu fühlen, wäre eine Fehlinterpretation der vorliegenden Aufgabe.

Das ist ganz wichtig, wenn wir als Lehrer in die Nähe des gesteckten Zieles kommen wollen, das wir Integration nennen, zuerst als schulische Integration erkennen, bei dem wir aber möglichst weitreichende allgemeine Integration meinen. Dieser Hafen der möglichst weitreichenden allgemeinen Integration aber ist nur zu erreichen, wenn wir alle Wasserzeichen, die anderen Schiffe, die Gezeiten und das Wetter beachten, also nicht nur darauf achten, dass bloss die Hörgeschädigten ihren Dienst tun. Eine Crew ist eine Gemeinschaft mit gemeinsamen Zielen und unterschiedlichen aber aufeinander abgestimmten Aufgaben.

Auch die Schule für Hörgeschädigte – hier die Schwerhörigenschule – hat sich die gesellschaftliche Integration als Ziel gesetzt, wenn auch nicht als schulischen Weg. Wenn *hier* nun im weiteren der Begriff Integration fällt, dann ist damit die Form der integrativen Beschulung mit dem Ziel der gesellschaftlichen Integration gemeint.

Wer sind 'die hörgeschädigten Schüler in der Regelschule'?

Aus unserer Arbeit kennen wir das gesamte Spektrum vom leichtgradig schwerhörigen bis zum resthörigen und gehörlosen, aber implantierten Schüler. Wir kennen den sogenannten gut integrierten Schüler mit guter Intelligenz und guten Leistungen aus kooperativem Elternhaus, nicht selten mit hochgradiger Hörschädigung. Wir kennen auch den leicht- bis mittelgradig schwerhörigen Schüler, der weniger wegen seiner Hörschädigung auffällt, uns als Hörgeschädigtenlehrer und als Regelschullehrer möglicherweise eher Sorgen macht wegen seiner Verhaltensauffälligkeit, seiner regressiven oder aggressiven Art, wegen seiner Fettsüchtigkeit, wegen seiner mangelnden Sprachkompetenz. Das spät versorgte Aussiedlerkind, noch dazu durch seine Bilingualität gehandicapt, fällt uns ein. Vergleichbares gilt für manches leicht- bis mittelgradig schwerhörige Ausländerkind. Wir sehen den Schüler vor uns mit schwachen Leistungen – Leistungen, die nicht seinem Potential entsprechen. Dieser Schüler kann sich auch in der Realschule oder gar im Gymnasium befinden; und wir sehen die Schüler mit geringer sozialer Kompetenz und sprachlicher Pragmatik. Und wir kennen den hörgeschädigten Schüler in der Regelschule, der nicht leistungsmässig, vielleicht auch insgesamt nicht auffällt, aber mit seinen Problemen, seinem Anderssein allein bleibt, im Sinne des Wortes – allein. – Wir streben Integration an – aus gutem Grund; aber wir müssen diese Schüler und das sie beeinflussende Umfeld kennen, um sie zu erreichen und darauf zu reagieren.

Nützt der Besuch der Regelschule dem hörgeschädigten Schüler oder belastet er ihn eher?

Die Entscheidung, den integrativen Weg zu gehen, fällen die Eltern unter Berücksichtigung der persönlichen Leistungsfähigkeit ihres Kindes, und das sind bei weitem nicht nur die schulischen Leistungen. Da es keine Methode und keine Instanz für objektive Kriterien für die Voraussage des Erfolgs für integrative Beschulung gibt – vielleicht auch nicht geben kann –, ist die individuelle Entscheidung der Eltern zu respektieren. Das heisst, für manche dieser Schüler wurde diese Beschulung ganz bewusst gewählt, für andere rein zufällig. Ist die Regelbeschulung nur für das besser begabte hörgeschädigte Kind anzustreben? Wird nicht mehr psychische Stabilität durch Sonderbeschulung erreicht? Auch integrierte Kinder bleiben behindert – vielleicht sind sie es in der Regelschule noch mehr? Isolierung trotz guter Leistungen? Was kann der Regelschule zugemutet werden?

Die eigentliche Frage sollte aber heissen: Wo können die hörgeschädigten Schüler am besten lernen und auch lernen, mit ihrer Behinderung umzugehen – *in* der und auch *für* die Gesellschaft? Und die Antwort muss lauten: dort wo durch Präventivmassnahmen einer langfristigen Behinderung vorgebeugt werden kann oder gelernt werden kann, mit der Beschränkung umzugehen. Es wird also nicht nach der besten Beschulung gefragt, sondern nach einer Beschulung, die dem Hörgeschädigten die besseren Möglichkeiten bietet.

Müssen bestimmte personale und sachliche Vorgaben erfüllt sein, damit Integration stattfinden kann?

Hierüber ist schon vieles gesagt und geschrieben worden. Zunächst muss bei den im System beteiligten Bezugspersonen – nach der Überwindung von Unsicherheit und Berührungsängsten – das aktive Wohlwollen erreicht werden. Beratung und Information der Lehrer- und Klassenelternschaft und auch die Begleitung der Eltern des hörgeschädigten Kindes ist nötig. Andere flankierende Massnahmen sind Unterrichtsbegleitung und Vor- und Nachbereitung, auch behinderungsspezifische Aspekte wie Hörerziehung, Artikulation und Hörtaktik. Diese 'Software' halten wir für ein entscheidendes Angebot, mehr als die sachlichen Voraussetzungen wie z. B. die Schaffung von optimalen akustischen Bedingungen wie Teppichen für den Klassenraum oder eine niedrige Klassenfrequenz. Sie sind auch wünschenswert, aber in den Ausmassen, wie oft in der Literatur beschrieben, nicht zwingend nötig. Oft geben diese Bedingungen und Ansprüche nur Gründe an die Hand, eine Integration als unmöglich einzuschätzen. Abstriche an optimale Bedingungen zu machen, kann auch als ein Teil von Erfolg von Integration gesehen werden. Sie lassen den Hörgeschädigten in der schulischen Integration 'normaler' erscheinen.

Alle diese Vorgaben sind wichtig und teilweise auch unerlässlich, aber gelungene Integration ist damit noch nicht gewährleistet. Sie bleiben nur Vorbedingungen des eigentlichen Prozesses.

Unsere ganz persönliche Kernfrage für heute heisst: Was also ist gelungene Integration für 'die in der Regelschule'?

Viele mögen zuerst an gute schulische Leistungen denken. Wenn wir aber relativieren auf die Beschulung in verschiedenen Anspruchsniveaus, wird deutlich, dass fast jeder Hörgeschädigte eine Schule seines Anspruchs finden kann.

Integration soll aber auch in die soziale Kompetenz führen, und die wiederum ist an kommunikative Kompetenz gebunden. Kommunikative Kompetenz erwirbt man aber nur in der kommunikativen Situation.

Diese kommunikativen Situationen müssen also gesucht werden, herbeigeführt und unterstützt werden. Hier erst kann der Hörgeschädigte seine Identität finden und weiterentwickeln. Hier lernt er, mit seiner Hörschädigung – wenn nötig auch offensiv – umzugehen. Er lernt den Umgang mit seinen Schwächen und Stärken und lernt vor allem erkennen, dass Hörende grundsätzlich das gleiche Problem zu bewältigen haben. Er lernt Empathie für die anderen, sich auf andere einzustellen, er lernt Strategien dafür zu entwickeln, er hat Freude im Umgang mit anderen und erlebt Erfolge nicht nur unter Hörgeschädigten. Er muss sich selbst leiden können.

Das führt zu positiver Selbsteinschätzung und Spass und Zuversicht *beim Lernen in der Schule*. Hier schliesst sich ein Kreis, den die Schule für Hörgeschädigte selbst bei besten Absichten so nicht bieten kann.

Der Ambulanzlehrer muss allerdings einen offenen Blick für diese Probleme haben und selbst lernen, hier die richtigen flankierenden Massnahmen – möglichst nicht selbst durchführen – sondern anregen. In dieser Auseinandersetzung mit seiner Umwelt, die auch unsere Umwelt ist, kann sich das Wahrnehmungsnetz des hörgeschädigten Kindes zu möglichst hoher Kompetenz entwickeln.

Welche Möglichkeiten sehen wir nun, um für 'die in der Regelschule' dieses Ziel zu erreichen?

Hier stellt sich ein breites Spektrum für den kreativen und aufmerksamen Ambulanzlehrer. Wir möchten Ihnen aus Zeitgründen nur ganz kurz uns wichtige Punkte mitteilen. *Sie hier* sind vorwiegend Eltern, deshalb beginnen wir bei der uns so wichtigen Elternarbeit.

Schon im Vorschulbereich setzt sie ein. Integration ist ein Prozess, in den nicht nur die hörgeschädigten und guthörenden Kinder, sondern auch ihre Eltern und wir – als Professionelle eingeschlossen – hineinwachsen.

Eltern müssen ihr Kind ganzheitlich erleben dürfen, dadurch sind wir Professionelle gefordert, unsere Förderung nicht allein auf die Behinderung zu reduzieren, sondern sie ebenfalls umfassend zu gestalten.

Ein hörgeschädigtes Kind in der Klasse ist zumutbar, und das hat etwas – wie das Wort zumutbar sagt – mit Mut zu tun. Für die Eltern des noch jungen Kindes heisst das, dass sie (vielleicht auch mit unserer Hilfe) ihr Kind für die anderen Kinder, ihre Eltern z. B. attraktiv (anziehend) machen. Das hörge-schädigte Kind muss in seiner individuellen Qualität erlebt werden können, und das geht nicht durch stilles Beobachten.

Dieses Erleben vollzieht sich in der Interaktion. Nur indem man miteinander etwas macht, erlebt man etwas. Man hat gemeinsame Erlebnisse, in denen man sich kennenlernt und lernt, sich zu verstehen oder gar zu mögen. Und so finden wir es z. B. sehr wichtig, auch bei für die Kinder wichtigen Anlässen, wie Geburtstagseinladungen zu helfen und anzuregen und auch vorzubereiten, vor allem – was verständlich ist – wenn Eltern sich nicht recht trauen, den Mut haben, diese Gelegenheiten kreativ und perspektivisch zu nutzen.

Es ist heute vielfach so, dass Mütter zunächst die Verabredungen für ihre jungen Kinder treffen. Wenn Eltern unseres hörgeschädigten Kindes andere Kinder zu sich einladen und etwas 'Attraktives' machen, z. B. Kekse backen, Drachen steigenlassen, Basteln, Museumsbesuch (d. h. es braucht nicht teuer zu sein!), dann wird das hörgeschädigte Kind auch eingeladen, und die Integration beginnt.

Wir müssen bei den Eltern der hörenden Kinder Ängste abbauen, weil diese Eltern oft den ersten Schritt scheuen, eben weil sie nicht wissen, wie sie mit einem Hörgeschädigten umgehen sollen. Wir machen unseren Eltern Mut, ihr hörgeschädigtes Kind auch einmal anderen Eltern zum 'Anfassen', zum Erleben, zu überlassen. Wir zeigen unseren Eltern, wie zusammen mit ihrem Kind gelernt werden kann, so dass es den Beteiligten Spass macht und erfolgreich ist. Wir zeigen auch, dass hörgeschädigte Kinder *selbst nachfragen* müssen, dass sie das Fragen sicher auch lernen müssen.

Wir nehmen als Professionelle den Eltern nicht die Verantwortung ab – sie bleibt bei den Eltern, und das muss so sein. Wir helfen ihnen aber dabei, sie zu tragen, beispielsweise indem wir sie ermuntern, sich bei den Lehrern ihrer Kinder in der Schule zu zeigen, ohne 'ihnen auf die Nerven zu fallen' oder sie ihr Interesse, ihre Bereitschaft und ihr Bedürfnis zur Mitarbeit, wenn möglich oder nötig, bekunden und durchsetzen.

Ältere Schüler lernen ebenso wie die Eltern der Kleinen, wo und wie sie Informationen holen können, um nachzuholen, um zu kompensieren. Wenn wir den Eltern von den Kleinen empfehlen, schon frühzeitig mit ihrem Kind, ihrer Familie z. B. in die Bücherei, ins Theater, ins Überseemuseum oder ins Mitmachmuseum oder zu einzelnen (auch familienfreundlichen und -fördernden) Veranstaltungen zu gehen, dann hat dadurch der heranwachsende ältere hörgeschädigte Schüler bereits Lernstrategien beiläufig erworben. Wir wissen sehr wohl, dass nicht alle Eltern von hörgeschädigten Regelschülern einfallsreiche 'Lehrerinmütter' haben.

156

Diese älteren Schüler ermuntern wir auch, sich selbst an schulischen, ausserunterrichtlichen Angeboten z. B. Schul-AGs zu beteiligen, um besser eingebunden zu werden, oder sich Erfahrungen oder gar Erfolge in ausserschulischen Angeboten (Sportvereinen, Computerkursen, Hobby wie Fotokurs u. a.) zu holen. Auch das hat anfangs mit Mut zu tun.

Unsere hörgeschädigten Schüler sollten möglichst auch irgendwo ausserhalb der Schule eingebunden sein (Sportverein, Pfadfinder, Greenpeace, Naturbund, Gemeinde etc.) Wir halten es für wichtig, dass 'die in der Regelschule' eine Antwort auf die Frage geben können: "Was ist dein Hobby?"

Erziehung ist ein System, in dem viele Personen in einem vielfältigen Beziehungsgeflecht beteiligt sind. Jede Einflussnahme – auch jene, die nur auf *ein* Ziel gerichtet ist, – wirkt sich systemisch aus. Das heisst, sie hat viele Auswirkungen und nicht nur die beabsichtigten.

Der Erwerb von sozialer Kompetenz beginnt, indem das Umfeld Vater-Mutter-Familie ständig erweitert wird – möglichst umfassend, in viele Richtungen, unter Berücksichtigung von Anspruch und Belastbarkeit für das Kind *und* das System, in das es eingebunden ist. Dann erwirbt das Kind, wenn das auch umsichtig geschieht, Erfahrung, Sicherheit und Selbstvertrauen. Rollschuhlaufen können wir letzten Endes nur auf Rollschuhen lernen, Schwimmen nur im Wasser und Leben nur im Leben.

Wenn wir frühzeitig – und dem Kind angemessen – damit beginnen, stellt sich ein bestimmter Grad an Integration auch fast beiläufig ein. Dass dabei immer Wünsche offen bleiben, dass wir mit 'Lücken' leben lernen müssen, ist Realität – aber das gilt auch für die anderen in der Regelschule, für jene, die besser hören!

Literaturverzeichnis

AFFOLTER, F.: (1987). Wahrnehmung, Wirklichkeit und Sprache. Villingen-Schwenningen.

ARBEITSGRUPPE INTEGRATION SCHLESWIG: (1992). Unterrichtliche Integration hörgeschädigter Kinder. Heidelberg, Julius Groos Verlag.

BLANCHET, A. L.: (1856). Moyens de généraliser l'éducation des sourds-muets sans les séparer de la famille et des parlants. Paris.

BODENHEIMER, A.: (1981). Die einen und die anderen. Tagungsreferat, Nürnberg.

BÖHLER, D.: (1993) Elternarbeit konkret. »Unser Kind ist hörbehindert«, Eigenverlag, Meggen.

BRUNER, J.: (1987). Wie das Kind sprechen lernt. Bern.

BUBER, M.: (1953). Was ist zu tun? Gesammelte Essays, Zürich.

BUBER, M.: (1986). Reden über Erziehung, Heidelberg.

CHAPMAN, P.: (1992). Integration, Segregation – Erfahrungen einer Lehrerin. In Begabungsentfaltung gehörloser Schüler durch gemeinsames Lernen mit Nichtbehinderten. Stiftung zur Förderung körperbehinderter Hochbegabter, 118-122. Vaduz.

DIEDERICH, F.: (1993). »Bälle, Röhren, Netzwerke.« ETH Bulletin der Eidgenössischen Technischen Hochschule Zürich 248/44.

DÖRNER, D.: (1993). Die Logik des Misslingens. Reinbek bei Hamburg.

DRAVE, W.: (1990). Lehrer beraten Lehrer. Würzburg, Edition Bentheim.

ELMIGER, P.: (1992). Soziale Situation von integriert geschulten Schwerhörigen in Regelschulen (Diplomarbeit Universität Freiburg). Freiburg.

EMMENEGGER-HIRSCHI, A.: (1992). Zur Betreuung von integrativ beschulten hörbehinderten Kindern – eine statistische Erhebung. In Gloor, M. & Müller, R. J. (Hrsg.), Schwerhörige Kinder und Jugendliche in Regelschulen. Berichte der Arbeitstagungen 1990/1991, 31-35. Zürich.

GLOOR, M.: (1989). Mein Einstieg in die Betreuung hörgeschädigter Kinder in der Volksschule. In Müller-Marcon, U. (Hrsg.) Bericht zur Arbeitstagung: »Hörgeschädigte Kinder in der Volksschule« 1989, 7-9. Zürich.

HAEBERLIN, U.; MOSER, U. BLESS, G.; KLAGHOFER, R.: (1989). Integration in die Klasse. Fragebogen zur Erfassung der Dimensionen der Integration von Schülern FDI 4 - 6. Bern.

HAEBERLIN, U.; MOSER, U. BLESS, G.; KLAGHOFER, R.: (1990). Die Integration von Lernbehinderten: Versuche, Theorien, Forschungen, Enttäuschungen, Hoffnungen. Bern.

HAGMANN, T.: (1990). Systemisches Denken und die Heilpädagogik. Luzern.

HAINSTOCK, E. G. & SIMMEN, R.: (1973). Montessori zu Hause. Die Vorschuljahre. Freiburg.

HUSCHKE-RHEIN, R.: (1990). Systematische Pädagogik: ein Lehr- und Studienbuch für Erziehungs- und Sozialwissenschaften. Köln.

JANN, P. A.: (1993). Sprachvermittlung beim gehörlosen Kind als pädagogisches Problem-Plädoyer für einen kindzentrierten Ansatz auf interaktional-kommunikativer Grundlage – Teil 1. Hörgeschädigtenpädagogik 47/2: 63-70.

KRÜGER, H. P.: (1976). Soziometrie in der Schule. Verfahren und Ergebnisse zu sozialen Determinanten der Schülerpersönlichkeit. Weinheim.

KVAM, M. H.: (1993). Hard-of-Hearing Pupils in Ordinary Schools. ScandAudiol, 22, 261-267.

LAMPARTER, D. H.: (1994). Die Umkehr der Manager. Die Zeit, 15, 23-24.

LEWIN, K.: (1982). Feldtheorie. In C. F. v. Graumann (Hrsg.), Kurt Lewin Werkausgabe Bd. 4. Bern.

LIENHARD, P.: (1992). Ertaubung als Lebenskrise – Bewältigung des Gehörverlustes im Erwachsenenalter. Luzern.

LÖWE, A. & LERCH, H.-U.: (1985). Hörgeschädigte Kinder in Regelschulen. Ergebnisse von Untersuchungen und Erhebungen in der Bundesrepublik Deutschland und in der Schweiz. Geers-Stiftung. Dortmund.

LÖWE, A.: (1987). Pädagogische Hilfen für hörgeschädigte Kinder in Regelschulen. Eine Handreichung für Eltern und Lehrer gehörloser und schwerhöriger Regelschüler. Heidelberg.

LÖWE, A.: (1992). Hörgeschädigtenpädagogik international. Heidelberg.

MÜLLER, R. J.: (1989). Zur integrativen Beschulung hörgeschädigter Kinder. Diplomarbeit am Heilpädagogischen Seminar Zürich. Zürich.

MÜLLER, R. J.: (1994). Ich höre ... nicht alles! Hörgeschädigte Mädchen und Jungen in Regelschulen. Heidelberg.

PAPERT, S.: (1994). Schöne neue Schule. Der Spiegel, 49/9, 113-117.

SANDER, A.: (1985). Zum Problem der Klassifikationen in der Sonderpädagogik – Ein ökologischer Ansatz. Vierteljahresschrift für Heilpädagogik und ihre Nachbargebiete. Freiburg (Schweiz), 54, 15-31.

SANDER, A.: (1987). Zur ökosystemischen Sichtweise in der Sonderpädagogik. Fremdverstehen sozialer Randgruppen. Berlin. 207-221.

SANDER, A.: (1988). Behinderungsbegriffe und ihre Konsequenzen für die Integration. In H. Eberwein (Hrsg.), Behinderte und Nichtbehinderte lernen gemeinsam – Handbuch der Integrationspädagogik, 75-82. Weinheim.

SANDER, A.: (1990). Schule und Schulversagen aus ökosystemischer Sicht. In R. Huschke-Rhein (Hrsg.), Systemische Pädagogik, 65-72. Köln.

SANDER, A.: (1992). Selektion bei der Integration. Behinderte Kinder und Jugendliche in der Schule. Bad Heilbronn, Verlag Julius Klinkhardt. 106-117.

SANDER, A. & HILDESCHMIDT, A.: (1993). Kind-Umfeld-Diagnose – ein ökosystemischer Ansatz. Mit Anregungen für die diagnostische Praxis. Eine Information aus der Projektgruppe »Integration behinderter Schülerinnen und Schüler«. St. Ingbert.

SENN, HEIDI: In Zeitschrift: under eus. (o. Ort u. Jahr.)

SCHÖLER, J. (Hrsg,): (1987). »italienische verhältnisse« – insbesondere in den Schulen von Florenz. Berlin.

SCHÖLER, J. & SEVERIN, B.: (1991). StützpädagogInnen oder Aspekte einer positiven Einzelfallhilfe in kooperativen Arbeitszusammenhängen. Arbeitsstelle »Integrative Förderung schulschwacher behinderter Kinder und Jugendlicher« TU Berlin, Fachbereich 22, Erziehungs- und Unterrichtswissenschaften.

SCHÖLER, J.: (1992). Grenzenlose Integration. In Lersch, R. & M. Vernooij (Hrsg.), Behinderte Kinder und Jugendliche in der Schule, 81-92. Bad Heilbronn.

SCHÖLER, J.: (1993). Gibt es Grenzen bei der Integration von Kindern mit Behinderungen? In Die Sonderschule 38(2): 106-110.

SCHÖLER, J.: (1993). Integrative Schule – Integrativer Unterricht. Ratgeber für Eltern und Lehrer. Reinbek bei Hamburg.

SCHÖNWIESE, V.: (1992). Fördern ohne auszusondern. In Bews S., Integrativer Unterricht in der Praxis, 5. Innsbruck.

SPECK, OTTO: (1991) System Heilpädagogik. Interaktion Eltern – Fachleute. Basel.

STAMM, M.: (1993). 'Lesefähig – ohne eine einzige Schulstunde'. In: Neue Zürcher Zeitung 93/22 vom 28. 1. 1993. Zürich.

WAGENER G., SACRÉ M.-J.: (1992). Ein Brüderchen für Josefine. Zürich.

WEISSEN, J.: (1989). 30 Jahre integrative Schulung von Hörgeschädigten in der Region Bern. In: Hörgeschädigte Kinder 26/3, 136-138.

WEISSEN, J.: (1992). 'Bonne chance', verlangsamte Aufnahme für hörgeschädigte Schüler. Zwei Kassetten: Staatlicher Lehrmittelverlag (Hrsg.). [Erhältlich bei JOSEF WEISSEN, Bernstrasse 78, CH-3324 Hindelbank], Bern.

WOCKEN, H.: (1992). Integration von Kindern mit Behinderungen und Sonderschulen. Vortrages am Institut für Sonderpädagogik der Universität Zürich (1992), persönliches Manuskript.

ZAUGG, P.: (1988). 'Ich höre die Glocke nicht' mit Tonbeispielen (Kassette) von Josef Weissen. [Zu beziehen bei: Kantonale Sprachheilschule, CH-3035 Münchenbuchsee, Tel. 031/869 13 16], Bern.

Autoren und Autorinnen der Beiträge

Hanni & Hans Arnold-Räber
Eltern zweier hörgeschädigter Kinder
Turmatthof 11, CH–6370 Stans

Dagmar Böhler-Kreitlow
Leiterin der Audiopädagogenausbildung am Heilpäd. Seminar Zürich
Bühlmattstrasse 7, CH–6045 Meggen

lic. phil. Priska Elmiger
Logopädin
53, Grand Rue, CH–1700 Fribourg

Beata Feldmann
Kindergärtnerin
Lindenhofstrasse 15, CH–8645 Jona

Max G. J. Gloor
Hörgeschädigtenpädagoge und Wanderlehrer
Adolf Frey-Strasse 9, CH–5000 Aarau

Suzanne Grütter-Haerle
Mutter einer hörgeschädigten Tochter und Kindergärtnerin
Zelgwiesenstrasse 19, CH–8608 Bubikon

Christian Heldstab
Leiter der Abteilung Logopädie/Pädoaudiologie
der Universitäts-Kinderklinik Zürich
Steinwiesstrasse 75, CH–8032 Zürich

Heidi Heldstab
Audiopädagogin und Logopädin
Tischenlooweg 10, CH–8800 Thalwil

Theresa Lienin
Mutter einer hörgeschädigten Tochter, Präsidentin der Regionalgruppe Basel
der Schweiz. Vereinigung der Eltern hörgeschädigter Kinder (SVEHK)
Muttenzerstrasse 123, CH–4127 Birsfelden

Sigrid Martin
Audiopädagogin
Am Lehester Deich 97 c, D–28357 Bremen

Dr. Uwe Martin
Hörgeschädigtenlehrer, Leiter der Früherziehung der Schule für
Hörgeschädigte in Bremen
Am Lehester Deich 97 c, D–28357 Bremen

Dr. René J. Müller
Hörgeschädigtenlehrer, Leiter der Gehörlosen- und Sprachheilschulen
Riehen und Arlesheim (Basel)
Drosselstrasse 19, CH–8038 Zürich

Prof. Dr. Jutta Schöler
Technische Universität Berlin,
Fachbereich Erziehungs- und Unterrichtswissenschaften
Franklinstrasse 28/29, D–10587 Berlin

Ruedi Spielmann-Mathys
Vater eines hörgeschädigten Kindes, Regelschullehrer
Hüeblistrasse 31, CH–8165 Oberwenigen

Brigitte Trepp
Mutter eines hörgeschädigten Kindes und Hausfrau
CH–7436 Medels

Josef Weissen
ehemaliger Leiter des Audiopädagogischen Dienstes
der kantonalen Sprachheilschule Münchenbuchsee
Bernstrasse 78, CH–3324 Hindelbank

SZH | SPC

Schweizerische Zentralstelle für Heilpädagogik | Secrétariat suisse de pédagogie curative et spécialisée

CH-6003 Luzern Obergrundstrasse 61
CH-1012 Lausanne 19C avenue du Temple

Telefon 041 23 18 83 Fax 041 23 58 28
téléphone 021 653 68 77 Fax 021 653 64 15

Die Schweizerische Zentralstelle für Heilpädagogik (SZH) ist eine gesamtschweizerische Fachstelle, die sich mit Fragen der Behindertenpädagogik befasst. Zu ihren Aufgaben gehört es, wichtige Informationen zur Erziehung, Schulung und Ausbildung Behinderter, zur Ausbildung von heilpädagogischem Fachpersonal sowie zur Forschungstätigkeit zusammenzustellen und zu verarbeiten sowie darüber mündlich und durch Veröffentlichungen zu informieren. Sie arbeitet ferner mit bei der Planung und Verwirklichung zentraler behindertenpädagogischer Anliegen.

Die Zentralstelle, gegründet 1972, wird getragen vom Bundesamt für Sozialversicherung, der Schweizerischen Konferenz der kantonalen Erziehungsdirektoren, dem Verband der heilpädagogischen Ausbildungsinstitute, verschiedenen Fachverbänden, Elternvereinigungen und Sozialwerken.

Le Secrétariat suisse de pédagogie curative et spécialisée (SPC) est un bureau national traitant des questions de la pédagogie des handicapés. Ses tâches comprennent la collecte d'informations sur l'éducation, la scolarisation et la formation des personnes handicapées, sur la formation du personnel spécialisé et sur la recherche. Il informe sur ces questions, directement ou par les publications. Le SPC collabore à la planification et à la réalisation de questions primordiales de la pédagogie des handicapés.

Le Secrétariat, fondé en 1972, est porté par l'Office fédéral des assurances sociales, la Conférence suisse des directeurs cantonaux de l'instruction publique, l'Union suisse des Instituts de formation en pédagogie curative, différentes associations spécialisées, associations de parents et œuvres sociales.

Verlag der Schweizerischen Zentralstelle für Heilpädagogik (SZH)

Edition du Secrétariat suisse de pédagogie curative et spécialisée (SPC)

Editioni del Segretariato svizzero di pedagogia curativa e speciale (SPC)

Grundlagen

Alois Bürli, Christianne Büchner (Hrsg.): Behindertenpädagogische Angebote konzipieren und planen. 1994, 223 p., Fr. 38.40, ISBN 3-908264-70-7 (Bestell-Nr. 100)

Hans-Peter Merz, Eugen Frei (Hrsg.): Behinderung – verhindertes Menschenbild? 1994, 220 p., Fr. 38.40, ISBN 3-908264-86-3 (Bestell-Nr. 113)

Paul Moor: Heilpädagogik. Ein pädagogisches Lehrbuch (Studienausgabe). 1994, 296 p., Fr. 46.05, ISBN 3-908264-83-9 (Bestell-Nr. 111)

Alois Bürli, Barbara Forrer: Europäische Gemeinschaft – behindertenfreundlich? 1993, 64 p., Fr.14.70, ISBN 3-908264-64-2 (Bestell-Nr. a48)

Gabriel Sturny-Bossaret: Anthroposophisch orientierte Heilpädagogik. Einsichten eines Aussenstehenden. 1993, 72 p., Fr. 16.20, ISBN 3-908264-74-x (Bestell-Nr. a51)

Fritz Schneeberger: Gedanken zur Heilpädagogik. Ausgewählte Aufsätze. 1993, 189 p., Fr. 35.--, ISBN 3-908264-84-7 (Bestell-Nr. 112)

Christian Mürner, Susanne Schriber (Hrsg.): Selbstkritik der Sonderpädagogik? Stellvertretung und Selbstbestimmung. 1993, 248 p., Fr. 40.95, ISBN 3-908264-78-2 (Bestell-Nr. 106)

Hermann Siegenthaler: Menschenbild und Heilpädagogik. Beiträge zur Heilpädagogischen Anthropologie. 1993, 136 p., Fr. 29.05, ISBN 3-908264-65-0 (Bestell-Nr. 97)

Alois Bürli: Grundzüge der Sonderpädagogik in der Schweiz. 1992 (2. Auflage), 58 p., Fr. 14.30, ISBN 3-908264-60-x (Bestell-Nr. a20)

Andrea Lanfranchi, Thomas Hagmann (Hrsg.): Immigrantenkinder. Plädoyer für eine integrative Pädagogik. 176 p., 1992, Fr. 33.20, ISBN 3-908264-61-8 (Bestell-Nr. 94)

Georg Feuser: Wider die Unvernunft der Euthanasie. Grundlagen einer Ethik in der Heil- und Sonderpädagogik. 74 p., 1992, Fr. 17.10, ISBN 3-908264-56-1 (Bestell-Nr. a45)

Ursula Hoyningen-Süess: Sonderpädagogik als Wissenschaft. Heinrich Hanselmanns Theorie der Sonderpädagogik. 216 p., 1992, Fr. 36.50, ISBN 3-908264-53-7 (Bestell-Nr. 92)

Urs Rüegger: Integrationspädagogik in der Lehrerbildung. 181 p., 1992, Fr. 28.80, ISBN 3-908264-49-9 (Bestell-Nr. 88)

Gertrud Wülser: Wenn Hilfe nicht hilft. Verstehen und Handeln in der Zusammenarbeit mit behinderten Personen in verschiedenen Kulturen. 202 p., 1991, Fr. 30.80, ISBN 3-908264-35-9 (Bestell-Nr. 82)

René Albertin, Gerhard Zimmerli (Hrsg.): Veränderungen in der heilpädagogischen Arbeit. 48 p., 1991, Fr. 10.60, ISBN 3-908264-39-1 (Bestell-Nr. a39)

Karin Bernath, Martin Haug, Franz Ziegler: Projektmanagement. Eine Orientierungshilfe für Projekte im sozialen Bereich. 60 p., 1991 (2. unveränderte Auflage), Fr. 14.70, ISBN 3-908264-36-7 (Bestell-Nr. a38)

Hans Furrer: Der Schlaf der Vernunft gebiert Ungeheuer. Zur Gentechnologie und pränatalen Diagnostik. 59 p., 1991, Fr. 13.20, ISBN 3-908264-48-0 (Bestell-Nr. a42)

Christian Mürner (Hrsg.): Ethik, Genetik, Behinderung. Kritische Beiträge aus der Schweiz. 1991, 206 p., Fr. 26.60, ISBN 3-908264-25-1 (Bestell-Nr. 76)

Daniel Raemy; Markus Eberhard; Elisabeth Schweizer (Hrsg.): Heilpädagogik im Wandel der Zeit. Bericht des SHG-Kongresses 1989 in Davos. 1990, 296 p., Fr. 34.40, ISBN 3-908264-13-8 (Bestell-Nr. 66)

EDITION SZH
EDITION SPC

Behinderung

Hans-Ulrich Weber (Hrsg.): Auch sie gehören dazu! Lebensporträts tauber Menschen und einige Gedanken dazu. 1994, 67 p., Fr. 21.75, ISBN 3-908264-93-6 (aspekte Nr. 54)

Judith Hollenweger und Hansjakob Schneider (Hrsg.): Sprachverstehen beim Kind. Beiträge zu Grundlagen, Diagnose und Therapie. 1994, 160 p., Fr. 30.--, ISBN 3-908264-91-x (Bestell-Nr. 115)

Daniela Dittli und Hans Furrer: Freundschaft – Liebe – Sexualität. Grundlagen und Praxisbeispiele für die Arbeit mit geistig behinderten Frauen und Männern. 1994, 125 p., Fr. 28.20, ISBN 3-908264-87-1 (Bestell-Nr. 114)

Urs Strasser: Wahrnehmen – Verstehen – Handeln. Förderdiagnostik für Menschen mit einer geistigen Behinderung. 1994, 2. durchgesehene Auflage, 226 p., Fr. 37.30, ISBN 3-908264-92-8 (Bestell-Nr. 95)

Andreas Fröhlich (Hrsg.): Lebensräume. Förderung und Lebensbegleitung schwerstbehinderter Menschen in Europa. 1993, 190 p., Fr. 35.--, ISBN 3-908264-81-2 (Bestell-Nr. 109)

Stefan Meyer: Was sagst du zur Rechenschwäch, Sokrates? 1993, 79 p., Fr.17.60, ISBN 3-908264-75-8 (Bestell-Nr. a49)

Jakob Egli (Hrsg.): Gewalt und Gegengewalt im Umgang mit geistig behinderten Menschen. "Psychiatrie" der Schweizerischen Heilpädagogischen Gesellschaft (SHG). 1993, 166 p., Fr. 32.45, ISBN 3-908264-79-0 (Bestell-Nr. 107)

Eugen X. Frei, Hans-Peter Merz: Menschen mit schwerer geistiger Behinderung. Alltagswirklichkeit und Zukunft. 1993 (2., durchgesehene Auflage), 167 p., Fr. 32.45, ISBN 3-908264-73-1 (Bestell-Nr. 103)

Alois Bigger: Förderdiagnostik Schwer- und Schwerstbehinderter. 1993, 2. veränderte Auflage, 272 p., Fr. 42.25, ISBN 3-908264-67-7 (Bestell-Nr. 99)

Silvia Hardmeier-Hauser: Kinder mit Sprachentwicklungsstörungen. Ein sprachtherapeutisches Konzept für die Arbeit mit Kind, Familie und Umfeld. 1993, 133 p., Fr. 28.25, ISBN 3-908264-66-9 (Bestell-Nr. 98)

Arnold Lobeck: Rechenschwäche. Geschichtlicher Rückblick, Theorie und Therapie. 1992, 283 p., Fr. 43.90, ISBN 3-908264-43-x (Bestell-Nr. 85)

Eduard Bonderer, Jakob Egli (Hrsg.): Von der Verwahrung zur sozialen Integration geistig behinderter Menschen in Psychiatrie" Projekt "Psychiatrie" der Schweizerischen Heilpädagogischen Gesellschaft (SHG). 178 p., 1992, Fr. 33.20, ISBN 3-908264-59-6 (Bestell-Nr. 93)

Nitza Katz-Bernstein: Aufbau der Sprach- und Kommunikationsfähigkeit bei redeflussgestörten Kindern. Ein sprachtherapeutisches Übungskonzept. 135 p., 1992 (5., überarbeitete Auflage), Fr. 28.35, ISBN 3-908264-45-6 (Bestell-Nr. 44)

Peter Lienhard: Ertaubung als Lebenskrise. Bewältigung des Gehörverlustes im Erwachsenenalter. 216 p., 1992, Fr. 36.50, ISBN 3-908264-52-9 (Bestell-Nr. 91)

Verena Stauffacher: Lesen und Schreiben – ein Problem? Schule und funktionaler Analphabetismus. 97 p., 1992, Fr. 25.--, ISBN 3-908264-42-1 (Bestell-Nr. 84)

Peter Wettstein: Leichter lesen – Besser Lesen – Lieber Lesen. Bücher für Kinder mit Leseschwierigkeiten oder Leseunlust. 67 p., Fr. 14.50, ISBN 3-908264-54-5 (Bestell-Nr. A43)

Schweizerischer Verband der Psychomotoriktherapeuten (astp) (Hrsg.): Psychomotoriktherapie. 112 p., 1992, Fr. 24.--, ISBN 3-908264-47-2 (Bestell-Nr. 87)

EDITION SZH
EDITION SPC

Früherziehung

Waldtraut Mehrhof (Hrsg.): Kinder mit Behinderungen im Kindergarten. 61 p., 1992, Fr. 14.30, ISBN 3-908262-58-8 (Bestell-Nr. a47)

Käthi Bieber; Andrea Burgener; Barbara Jeltsch-Schudel et al.: Früherziehung ökologisch. 67 p., 1989, Fr. 9.60, ISBN 3-908264-02-2 (Bestell-Nr. a31)

Margrith Balbi-Kayser: Die Früherziehung behinderter Kinder in der Schweiz im Spiegel bundes- und kantonalrechtlicher Grundlagen. 141 p., 1986, Fr. 23.--, ISBN 3-907988-38-8 (Bestell-Nr. 42)

Margrith Kayser (Hrsg.): Texte zur Früherziehung Behinderter. Ausgewählte Beiträge aus der deutsch-, französisch- und italienischsprachigen Schweiz. 222 p., 1984, statt Fr. 23.--: Modernes Antiquariat: Fr. 9.--, ISBN 3-907988-05-1 (Bestell-Nr. 33)

Sonderschulung

Brigitte Gross, Beat Thommen: Heilpädagogische Ambulatorien im Kanton Bern. Bestandesaufnahme und Schlussfolgerungen. 1994, 45 p., Fr. 14.10, ISBN 3-908262-88-x (Bestell-Nr. a52)

Riccardo Bonfranchi: Computer-Didaktik in der Sonderpädagogik. 190 p., 1992, Fr. 34.--, ISBN 3-908262-51-0 (Bestell-Nr. 90)

Albin Niedermann, Gérard Bless, Martin Sassenroth: Heilpädagogischer Stützunterricht. Ergebnisse einer Meinungsumfrage in Deutschfreiburg. 48 p., 1992, Fr. 11.50, ISBN 3-908264-55-3 (Bestell-Nr. a44)

Hermann Blöchlinger: Langfristige Effekte schulischer Separation. 163 p., 1991, Fr. 27.50, ISBN 3-908264-41-3 (Bestell-Nr. 83)

Belinda Mettauer: Spezialdienste und Spezialmassnahmen im Zusammenhang mit der Besonderen Erziehung, Schulung und Bildung. 131 p., 1991, Fr. 24.70, ISBN 3-908264-37-5 (Bestell-Nr. 80)

Daniela Dittli, Gabriel Sturny-Bossart: Besondere Schulung im Bildungssystem der Schweiz. 88 p., 1991, Fr. 17.--, ISBN 3-908264-40-5 (Bestell-Nr. a41)

Andreas Müller: Kommunikation und Schulversagen. Systemtheoretische Beobachtungen im Lebensfeld Schule. 1991, 324 p., Fr. 36.40, ISBN 3-908264-15-4 (Bestell-Nr. 69)

Andreas Bächtold; Urs Coradi; Joseph Hildbrand; Urs Strasser: Integration ist lernbar. Erfahrungen mit schulschwierigen Kindern im Kanton Zürich. 218 p., 1992 (2. Auflage) Fr. 37.30, ISBN 3-908264-10-3 (Bestell-Nr. 71)

Urs Strasser: Schulschwierigkeiten. Entstehungsbedingungen, Pädagogische Ansätze, Handlungsmöglichkeiten. 223 p., 1987, Fr. 28.50, ISBN 3-907988-63-9 (Bestell-Nr. 50)

EDITION SZH
EDITION SPC